新しい体育授業の運動学

子どもができる喜びを味わう運動学習に向けて

三木四郎　著

明和出版

はじめに

小学校の授業のなかで、子どもがもっとも楽しみにしているのが体育の授業であることは間違いのないことでしょう。昭和50年代当時から生涯スポーツに向けての「楽しい体育」のスローガンのもとに、運動の楽しさを求める学習を中心に授業が展開されてきています。しかし、今日の体育は楽しさをあまりも強調しすぎたため、「できなくても楽しければ」といった体育であったり、課題解決力の育成という名のもとに、直接的な指導を否定するような風潮が生み出され、技能習得の学習を軽視する傾向が見られるようになってきていることもたしかです。

体育授業で子どもがもっともうれしそうな表情を見せるのは､運動が「できる」ようになったときです。そんなとき、体育でもっとも大切な学習が動きの学習であることを強く感じます。一方で、何回もチャレンジし、自分なりにがんばっているのですが、「うまくできない」で悩んでいる子どもがいます。その姿に何とか「できる」ようにする手だてはないものかと思案しながらも、子どもの「自得」にゆだねて、傍観者的な態度を知らず知らずにとっていることがよくあります。同じような思いをもっている先生もおられるのではないでしょうか。

われわれ教師も、かつては動きを覚える立場にありました。運動が得意、不得意の問題ではなく、まずできないで悩んでいる子どもの気持ちをよく理解して指導することのできる教師になる必要があります。そのとき、たんに励ましや勇気づけも大切なのですが、子どもの動きのパトス（悩み）に共感できる言葉かけであったり、動きかたの感じを伝えたりできる指導能力をもつことが求められてきます。そのためには、子どもの運動を外側から「対象物」として見る運動理論では、子どもの気持ちをほんとうに理解して指導することはできません。そこには、どうしても子どもの運動感覚意識に働きかける運動理論、動きの発生理論が必要になってくるのです。

私は、30歳ころまで体操選手として選手生活を送りましたが、当時、教員養成系の大学に勤めていたこともあって、学校体育の現場にもかかわるようになっていました。当然のことですが、競技の専門的な指導では子どもには通用するはずもなく、運動指導のありかたについて現場の先生と議論することも多くありました。そんなときに、運動指導の理論的基盤になったのが、私の恩師であり、世界的な運動学の権威でもある金子明友先生が訳されたマイネルの『スポーツ運動学』でした。その後、先生は人間学的運動学にもとづく発生運動学の論文を次つぎに発表され、2002(平成14)年に先生のライフワークでもある『わざの伝承』が発刊されたのです。その間、先生から新しい運動理論の考え方の指導を受けながら、運動学習にとってもっとも大切な「できる」ようにするためには、どうしても自分の身体の動かしかたの「コツ」がわかる学習を重視する授業でなければならないことを強く感じるようになりました。すなわち、子ども側に立って「私がそのように動くことができる」という運動感覚能力を育てる運動学習の必要性です。私の役目は、このような動きの学習に不可欠な発生運動学を、学校現場の先生方にお伝えすることであり、ひとりでも多くの子どもたちが「できる」喜びを味わえる体育授業になることを願って、このたび本書を出すことにしました。

この本の内容は、これまでに学校体育の運動指導について雑誌に連載したものを加筆、修正して再構成したものです。ここでの運動理論は、自然科学の精密科学的運動分析から導き出される運動理論と違って、現象学的・人間学的研究を基盤にした発生運動学の運動理論をもちいます。この発生運動学は、厳密科学を学問的根拠にしますから、どうしても難解な運動理論にならざるをえません。この本では、金子明友先生の『わざの伝承』をもとに、学校体育で生かせるように用語などもできるだけ簡略な説明にとどめています。そのため、物足りなさを感じられる読者もおられるかもしれませんが、そのようなときは『わざの伝承』に当たってください。

最後に、力量不足の私に本書を出すことをすすめていただき、暖かくご支援いただいた明和出版の和田義智社長に深く感謝申し上げます。

2004年12月

三木四郎

新しい体育授業の運動学・目次

第1章　これからの学校体育に求められるもの

第2章　学校体育と運動学習

3 動きの構造（かたち）について考える

第4章 「体つくり運動」と身体性の学習

第1章

これからの学校体育に求められるもの

1　体育が育てようとする力

体育・保健体育科は、心と体を一体としてとらえることを重視し、生涯にわたる豊かなスポーツ・ライフの実現、および自らの健康を適切に管理し、改善していくための資質や能力を培うことをめざします。そして、教科目標においても、「積極的に運動に親しむ資質や能力の育成」「健康の保持増進のための実践力の育成」および「体力の向上」の３つの具体的な目標が、相互に密接に関連していることを強調するとともに、体育・保健体育科の重要なねらいにしています。

教科目標で注目すべきことは、「心と体を一体としてとらえ」という言葉ではじまることです。このことは、今日の子どもの現状を考えると、運動に興味をもち、活発に運動する者と、そうでない者に二極化したり、生活習慣の乱れやストレスおよび不安感が高まっていることから、子どもの心身ともに健全な発達を促すためには、心と体を一体としてとらえる指導が重要になってきたことを示しています。心と体の一体化をはかるために、「体ほぐしの運動」など具体的な活動を通して、心と体が深くかかわっていることを体得できるように指導する必要があります。これまでの体力や運動を中心とした学習に「心の問題」もふくめた、これからの新しい体育のありかたを示したものといえます。

具体的目標である「積極的に運動に親しむ資質や能力の育成」は、生涯にわたる豊かなスポーツ・ライフを実現していくために、運動への興味・関心や自ら運動する意欲、仲間と仲よく運動すること、各種の運動特性に触れる楽しさや喜びが味わえるように自ら考えたり、工夫したりする力、そして、運動の技能や知識・理解を育てることになります。

「健康の保持増進のための実践力の育成」では、心身の健康の保持増進に関する内容を、たんに知識として学習するだけではなく、現在および将来の実生活のなかで、適切に実践できる資質や能力を育てることに重点がおかれます。

「体力の向上」の目標は、いつの時代にも学校体育に課せられた重要な課題であることに違いはありません。しかし、これから求められる体力とは、各種の運動を合理的に実践することによって、活力ある生活を支え、たくましく生きるための体力の向上をはかるということにあります。そのためには、個に応じた体力の高めかたを学び、体力の向上をはかるための実践力を身につけることがとくに重要になってきます。これまでが、「やらされる体力つくり」であったのに対して、これからは、自らが自己の体に関心をもち、自己の体力や生活に応じた課題をもって、自らの力で体力を高めることのできる能力を育てることになっていきます。

このように、これからの体育で育てようとする力は、生涯にわたって豊かなスポーツ・ライフを送るための資質や能力であり、生活やスポーツのなかに生かせる健康や体力なのです。そのためにも、自己の能力などに応じて学習することと、将来に向けての主体的な運動実践能力を育てることが重要になります。体育は、これまで以上に「自ら学び、自ら考える力」を育てる課題解決型の授業を中心にして展開されることになるでしょう。

また、子どもの現状が、二極化する傾向にあることから、子どもの発達段階に応じて、自己の能力に適した運動を選択して学習できるようにすることも、よりいっそう求められてきます。

2「教え込み」体育からの脱却

体育では、昭和60年代に「めあて学習」や「選択制の授業」を導入することによって、個に応じた課題解決的な学習を重視する考えを取り入れてきました。しかし、いまだに、教え込みによる技能や体力を高めることを中心にした、教師主導型の体育が見られるのも現実です。また、体力面や精神面の強化を期待する声も、いぜんとして強いこともたしかです。

とくに、最近の子どもの体についての異変や体力低下が問題とされ、声だかに叫ばれている情況のもとで、体育授業での体力つくりの必要性が強く求められています。

教師主導の授業では、教師側からの指導原理が優先されます。そこでは、どんな運動を、どの順序で指導すれば、もっとも効率よく、効果的に学習させることができるかがつねに問題になります。そして、教え込むことを中心に授業が展開されていくのです。そこでは、たとえ途中でつまずいたり、「できない」子どもがいたとしても、それは体力不足や精神的な「やる気のなさ」が原因だとして子ども自身の責任にされ、教師の指導力があまり問題にされることはありません。

しかし、このような体育では、運動はあくまで体力や精神面を高めるための手段（道具）として利用する考えかたが中心になっています。子ども全員に同じ運動を画一的に教え込むような体育では、二極化していく子どもの現状に対応することはむずかしくなります。また、自己の能力に適した課題を選び、その課題を自らの力で解決する問題解決能力を育てることもできません。

3　体育における課題解決学習の考えかた

体育における課題解決学習のありかたとして、１９９１（平成３）年の文部省（現・文部科学省）の保健体育指導資料のなかで、「1人ひとりを伸ばす学習過程」と「選択制授業の導入」によって、その基本的な考えかたが示されました。

1人ひとりを伸ばす体育学習は、子どもの興味・関心や技能差に応じて、1人ひとりが自己のペースを保ちながら運動の特性に触れる学習が進められるようにすることです。そこでは、子どもが「今もっている力」と「運動」との関係を重視するという考えから、運動のどんな楽しみかた（特性）を求めて学習活動するのかを子どもに明らかにし、子ども自身が自分に合った「めあて・ねらい」をもてるようにします。そして、そこに生じる課題をできるだけ子どもの力や仲間と協力し合うなかで解決できるように学習過程を仕組むのです。一般的には「めあて学習」と呼ばれるもので、「今できる力で運動を楽しむ」段階から「新しい工夫を加えて運動を楽しむ」段階への学習過程が基本的モデルになります。

「めあて学習」は、それぞれの学習段階の「めあて・ねらい」に応じて、目標の設定、課題の選択、活動の決定、そして、自らの体を動かしながら体験的に学習すること、うまくいかなければその理由を求め、再度挑戦、もしくは課題の再検討をしながら学習を進めていくといった学習活動全体をさす意味に使われます。このような学習活動を通して、個人やグループが、運動やスポーツを楽しむことができるようにすることと、生涯にわたってスポーツを楽しむために必要な運動実践力を育てようとします。

そのために、「めあて学習」では、自らの能力に適した運動を選んで課題に取り組める選択学習の性格を強くもたせます。子どもに運動を選択させることで、課題解決学習に必要な自己目的的な自発的・自主的な運動学習への取り組みができるようにします。それによって、活動自体に意味ある経験として運動の楽しさを味わう学習が成立するのです。

この「めあて学習」の発展形態として、生涯スポーツに向けての実践的学習として位置づけたのが「選択制授業」です。中学校、高等学校での選択制授業の導入の理由は、この時期に拡大する子どもの特性の違いにあります。それは、体格や体力、運動能力、運動技能といった能力差だけではなく、運動に対する興味・関心や意欲、あるいは能力・適性などにも大きな違いが見られるようになってくるからです。この時期の子どもは、同じ運動を行うにしても、その運動に求める価値（楽しさ）も個人によって異なり、多様化していきます。このような、運動に対する楽しみかたの違いを学習のなかで生かせるようにしようとすれば、「めあて学習」の「個に応じ、個に合わせる」指導からさらに進んで、「個を生かし、個を伸ばす」指導がより重要になってきます。さらに、それを発展させて「どんな種目を、どのように楽しみたいのか」といった種目選択をふくめ、「何を学習するのか、どのように学習するのか」の判断や選択を子どもにゆだねることで、子ども選択の選択制授業を中心に展開していくことができます。それによって、子どもが自己の能力・適性、興味・関心などにふさわしい運動種目や学習内容を選び、自らの力で解決する能力を養うことが可能となります。こうして、生涯スポーツにつながる運動学習の深まりが期待できるのです。

選択制授業の実施にあたっては、1クラス1人の教師の授業から複数の教師による協同的な指導活動が求められます。そこで、これまでの授業と、どこがどのように変わらなければならないのか、実施に向けての準備や課題を体育科全員が共通の認識としてもっておく必要がでてきます。また、実施学年、種目構成、学習集団、単元規模、体育施設、用具などの条件を十分に検討したうえで、生涯スポーツに生きる「自ら学び、自ら考える力」を育てる選択制授業のありかたをたえず改善・工夫していくことも重要になってきます。

4　課題解決学習と動きかたの学習

課題解決型の学習としての「めあて学習」や「選択制授業」では、子どもの運動欲求を満たすことと、多様な個人的特質を生かして主体的な運動実践能力を育てます。この運動実践能力は、たんなる技能、体力、知識といった要素的な能力ではなく、生涯スポーツをより豊かなものにする総合的な能力のことです。そして、自立的なスポーツへのかかわりかたやスポーツでの活動のしかたなどもこの能力のなかにふくまれます。しかし、このような能力を育てるにしても、運動や各種スポーツには特有の身体活動（動きかた）が求められます。それが基盤になって、運動の楽しさが味わえるようになることを考えますと、子どもにとって、体育のなかでもっとも高い関心事は身体の動かしかたであり、それができるかどうかにあります。当然、このような身体的な活動も、子どもが自分自身で解決しなければならない問題です。しかし、動きかたを覚えることは、運動感覚的な学習内容（実際に身体を動かすことで動きかたが身につく学習）であるだけに、「めあて学習」や「選択制授業」の授業マネージメント的な学習活動や行動のしかたを学習するだけですべて解決できるものではありません。事実、子どものなかには、自分の身体を思うように動かすことができず、失敗をくり返し、運動やスポーツ自体をなかなか楽しむことのできない子どもがクラスにはかならず何人かいます。

課題解決学習で、子どもに選択させた運動は、子ども自身の「やりたい」「できるようになりたい」との思いが強いだけに、それを達成できる学習をいかに保障してやるかが問題になってくるのです。そこには、教師の支援的活動だけではなく、直接的な指導も当然必要になってきます。すなわち、子どもが「できるようになりたい」と思って懸命に取り組んでいる姿に対して、教師が切迫感をもって応えることができるかどうかであり、そこに教育としての「教える―覚える」という基本的な関係系が成立するのです。それは、医療における治療行為として、患者の苦しみを医師が切迫感をもって治療するところに、患者と医者の信頼関係ができるのと同じことです。

体育において「自ら学び、自ら考える力」を育てるということは、「めあて学習」や「選択制授業」をもちいて、スポーツの多様な楽しみかたができる実践能力を育成することにあります。しかし、スポーツを実践するとき、そのなかでくり広げられる身体の動かしかたがつねに問題となり、「できる」喜びが学習意欲や実践意欲につながっていきます。このことから考えますと、「動ける身体」の獲得をめざして、目標とする運動が「できる」ようにすることは、体育でもっとも大切な学習になるといってよいでしょう。

5　動きの学習が「自ら学び、自ら考える力」を育てる

体育で「できる」ことの学習指導を強調することは、またこれまでの技能中心的な教え込み体育になる

のではないかという心配もあります。これからの動きの学習は、教師から一方的に「できる」「できない」の二者択一的な課題が要求される技能学習ではありません。子どもにとって現在、および将来の運動実践をより豊かにするための身体の動かしかたの学習なのです。「動ける身体」の獲得をめざす学習は、他教科にはない体育科独自の内容になります。

ここで問題にする「身体の動かしかたの学習」とは、人間が世界（自然、人、物）に対して身体によって応答していることを考えると、運動感覚能力（キネステーゼ能力）としての「私はそのような動きに対して動けることができる」という身体を培っておくというものです。それによって、日常生活やスポーツ活動がより豊かになっていくのです。体育における「身体性の教育」の基本的な考えかたがここにあります。運動感覚能力とは、「私が動く感じ」であり、「今・ここ」で動くことができるという能力に動きの先読みも同時に共有する能力のことです。また、「身体性」という言葉は、過去の心身二元論的な身体を意味するものではありません。それは、現象学で有名なメルロ・ポンティ（『行動の構造』や『知覚の現象学』を著した）のいう「身体性」のことであり、「世界とかかわりをもつなかで、いつも私とともにある身体」がつねに問題になるのです。運動学の世界的な権威である金子明友は、動きの学習にとって重要なことは、「〈生きられる〉動きは〈自己運動〉として、〈今・ここ〉という〈身体性〉のなかで動きの〈かたち〉を成立させることができる」といいます。またそこには、「やろう」としても「できない」というパトス（悩み苦しむ）的運動の世界が存在します。したがって、いろいろな動きの感じを試しながら探りを入れて、実際に自分でやっているような動きの感じを思い浮かべて、「わかるような気がする」段階（探索位相）を経て、偶然にもやろうとして動きができて、「できそうな気がする」段階（偶発位相）へと進んでいくことになります。それによって、少しずつ「動ける身体」を獲得することができるようになるのです。このことは、自分の身体で動きかたのコツが「わかる」ことであり、同時にひとつのまとまった動きのかたちが現れ、運動が「できる」ようになることを意味します。この「できる」喜びが内的衝動となって、体育で自ら学ぼうとする意欲につながっていくのです。このような、「身体性」の学習こそが、「自ら学び、自ら考える力」を育てる体育学習の基底におかれなければならないのです。

6「動ける身体」をもつということ

動きかたの学習は、運動が「できる」ようになったからといって、けっしてそれで終わりになるものではありません。運動が「できる」ということは、いつでも、どこでも、「私は思うように動くことができる」という、運動習熟の図式化位相（いつでもできると確信がもてるような位相）にまで高める必要がでてきます。さらに、スポーツを楽しむために周りの情況に応じて、他者とのかかわりのなかで「私は自在に動くことができる」という自在位相をめざすことになります。このような動きができるようになるためには、動きを改善したり、いろいろな情況のなかで、上手に動けるという運動形成の位相に応じた運動感覚能力（私はそのように動くことができる）をどうしても獲得しなければなりません。

このような能力を高めるには、どうしても技術や体力、知識などを学習する必要性がでてきます。その場合、それらをただ頭で理解するだけではなく、自らの意志で積極的にそれらを自らの身体になじませることが必要になってきます。そのこと自体が、自ら学び、自ら考えることの動きの学習なのです。

たとえば、技術を身につけるということは、だれにも共通に一般化された動きかたを、試行錯誤しながら自分の身体で覚えていくということです。それなしには、スポーツのいろいろな場面に生かせる能動的な「動ける身体」を獲得することはできないのです。

「動ける身体」の獲得ということは、ただたんなる生理学的な運動感覚だけでなく、さらに広げられた動きの世界を可能にする身体を意味します。生理学的な意味での運動感覚は、皮膚のところで遮断され、皮膚から外には存在しません。しかし、私が運動するとき、身体の内と外で感じる運動感覚（キネステーゼ）があります。たとえば、物に近づいたり、遠ざかるなどを視覚以外でも感じることや、上・下、左・右、奥行きなどの空間を意識することなどにも働きます。また、ステッキなどを持つ手は、物体としてのステッキの先まで運動感覚が拡大し、ステッキの先で対象物を知覚します。

すなわち、運動感覚能力（私はそのように動くことができる）による「動ける身体」をもつことで、周りの世界や他者との関係も今とは違った新しい意味世界が生み出されてくるのです。このような運動感覚能力は、具体的な動きかたを身につけることでしか形成されません。また、他人が代わってやることもできませんので、動きの学習自体は自ら学び、自ら考える力そのものなのです。

学校週5日制の実施は、知識や技能を一方的に教え込む学校教育完結型の教育から、生涯学習の基礎づくりとしての教育へと学校教育の役割が転換することを意味しています。体育においても、生涯にわたる豊かな運動実践能力を養うために、どうしても「自ら学び、自ら考える力を育てる」体育学習が、これからもいっそう強く求められることになるでしょう。その基盤になるのが、「動ける身体」の獲得ということになるのです。子どもの発達段階や学習の適時性からみて、学校期に「動ける身体」を獲得させることは、体育に課せられたもっとも重要な学習内容であり、子どもにいかにそのような身体を保障することができるかが問われてくるのです。

また、新たに取り入れられた「体ほぐしの運動」の考えかたも、自己の体に気づき、体の調子を整えたり、仲間と交流したりすることをねらいにしています。それだけに、自分や仲間の身体への意識化、すなわち、自分の身体と対話し、さらに他者の身体とも対話することのできる感性をもつ「動ける身体」に育てていく必要があります。

第2章

学校体育と運動学習

1 これまでの学校体育と運動学習

1　戦前の体育

学校における体育の目標とその位置づけは、時代背景やその時代の運動認識によって大きく左右されてきたことは周知のとおりです。とくに、教科としての独自性は、身体活動をともなう学習だけに、人間の運動をどのように認識するかは、体育目標との関係で学習内容とその方法論に大きく影響を与えます。

わが国の学校体育は、1872（明治5）年の「学制」によって制度化され、「体術」として登場しました。その後「体操」（一時期には「体練」となる）と名称を変えながら第2次世界大戦後までつづきます。この時代の体操の主たるねらいは、国力を高めるための労働力問題とも関連しながら、富国強兵のための身体訓練を中心に行われたのです。

そこでの内容は、遊戯的なものもふくんではいたのですが、スウェーデン方式とドイツ方式をモデルにした徒手と、器械・器具による「体操」が中心でした。運動は要素化され、指導は鋳型化して実施されました。運動学の先駆者であるマイネル（1960年に『スポーツ運動学』を著した）は、「運動認識というも

様式化されたスウェーデン体操

運動を諸要素に分解した体操

のが方法学を構築するときに大きく影響を及ぼし、体育の体系さえも規定する」として、「解剖学的、力学的、あるいは論理的合理性の立場から思うままに勝手につくり変え、〝諸要素〟に分解し、再び合成できる現象であると考える人と、社会的実践のなかで、環界との積極的な対峙のなかでかたちづくられるひとつの機能として運動を考える人とは、まったく異なる指導実践をするものだ」といいます。まさに、この時代の運動認識は、心身二元論の考えかたを背景に、人間の運動を諸要素に分解できると考え、それらを寄せ集めて体操を構成し、号令に合わせて形式化された運動を全員が一斉に行う〝要素化〟と〝鋳型化〟がもっとも強く結びついた時代の体育であったのです。

2　運動による教育

第２次世界大戦後は、民主的な文化国家、平和国家の建設をめざし、大幅な学制改革が行われました。学校体育においても、「体操」の名称を「体育」にあらためて、小学校から大学まで必修として位置づけられたのです。内容は、体操中心からスポーツ中心へと大転換したのですが、まだまだスポーツは社会的需要が低く、子どもの発達期の運動としての意味しか与えられず、運動は全人的発達のための手段として扱われたのです。

そのため、各種の運動は、発達に役立つ学習の場を提供することに重点がおかれ、子どもの発達段階にあわせて運動が選び出されたのです。この時代における運動認識は、運動そのものの意味内容はそれほど重視されませんでした。そこでは、身体的発達に対応して個人種目、民主的生活能力に対応して集団種目というように、運動を身につけるとか、運動の楽しさを味わうということは、学習として前面に出ることはありませんでした。運動指導においても、グループ学習を中心に、協力や話し合いなどの教育一般の社会性に関する目標に大きな関心が向けられ、技能指導はあまり行われませんでした。それが、「放任的な体育」として批判を浴びることになったのです。

昭和30年代中ごろになると、子ども中心・生活中心の経験主義教育による「基礎学力の低下」の報告がなされるにいたって、客観的な文化や科学の体系を重視する教科主義や系統主義の教育思想が主流を占めるようになります。

体育においても、運動技能の系統性と技術指導を重視した、技能中心の体育に転換していきます。そこでの技能の考えかたは、自然科学的な運動認識のもとで、運動の客観的な科学的メカニズムを解明することに重点がおかれました。それによって、単純なものから複雑なものへという技能構造が示され、指導計画のなかでどんな運動をどの順序で指導すれば、効果的に効率よく学習させることができるかが検討され、実践されるようになっていたのです。

指導においても、教師から技術や戦術を知識として一方的に伝えることが中心となり、技能習得に関しては、個人の努力による「自得」（自分自身で身につける）にゆだねられることがほとんどでした。このような体育では、クラスの7、8割ぐらいの子どもが、目標とする運動ができるようになれば、その授業は成功と見なされたのです。

たとえ、途中でつまずいたり、できない子どもがいたとしても、それは子どもの努力不足や能力不足として、教師の運動指導力はあまり問題にされませんでした。そこでの教師の役割は、まず練習の手順を示し、教師の合図にしたがって順序よく運動を行っているかどうかを監視することと、あとは「できる」「できない」の判定と評価をすることだけということもありました。このような自然科学的な運動認識のもとで、「できる」「できない」の二者択一的な授業が技能（技術）主義的体育として運動嫌いや落ちこぼれをつくり出したとの批判を受けることになったのです。

3 体力つくりをめざす体育

昭和40年代に入ると、子どもの体力問題が大きく取りあげられるようになってきました。その理由として、１９６４（昭和39）年の東京オリンピック大会での成績不振が、子どもの基礎体力不足と短絡的に結びつけられたことです。さらに、時代の社会的要請として、高度経済成長による労働力の確保の必要性から、人的資源としての体力が要請されたことによります。そして、この高度成長期には、生活環境・生活様式の激変、健康生活の脅威などがそのまま子どもの問題として、子どもの遊び文化の崩壊、受験戦争の激化などが、子どもの正常な身体発達を阻害し、青少年の体力低下を招いているとの実態が報告されたことなども大きな要因になりました。

１９６８（昭和43）年の学習指導要領の改訂では、総則第3体育が設けられ、体力つくりは学校教育全体の課題となり、朝礼時や業間などもふくめ、学校生活は体力一色に塗りつぶされるようになったのです。教科目標でも体力が中心におかれ、運動領域は、体操、スポーツ、ダンスの3領域に区分されました。体操は、体力つくりを直接の目的とし、スポーツは競争、ダンスは自己表現を特性として、その技能向上にねらいをおいたのです。

しかしながら、スポーツやダンスにおいても運動の効果的特性が強調されるようになったため、各種の運動でどんな体力的効果が期待されるのかがつねに問題となりました。授業でも、その効果が得られるような指導が求められるようになっていきました。とくに、東京オリンピックを契機にスポーツ科学が注目

業間などで一斉に行われた体力つくりのための体操

され、生理学的な効果が保証できる体力づくりが学校現場に提供されたことによって、各地の学校で校庭の器具や遊具を使って行うサーキット・トレーニングが日常的に朝礼時や業間で行われるようになりました。また、授業においても、逆上がりは筋力養成のためにできるだけゆっくり行うことが求められたり、ダンスで体力づくりをするにはどのようにすればよいかなど、研究会において本末転倒の議論が真剣に行われたのです。

このように、スポーツ科学の理論を取り入れることで、経験主義的な体育から科学的な体育への脱皮をはかろうとした結果、動き自体の学習よりも運動量のみの多い授業がよい授業として評価を受けるといったこともおこりました。戦前の体育ほどではないにしろ、この時代の運動認識は、科学的な新しいトレーニング理論という衣をまとったとしても、運動の要素化と鋳型化の考えかたがその根底にまだまだ根強く残っていたといえるでしょう。

このような体力つくり中心の学校体育は、けっして子どもに好まれるものではありませんでした。とくに、体力の要素（調整力、筋力、持久力）は、子どもの運動実践に無意味な抽象概念でしかなく、運動刺激と身体との関係が理解しにくい子どもには、興味も乏しいものでした。指導においても、動きの意味内容は無視され、形式的な媒介運動（体力つくりのための反復的な運動）とその順序が決められ、号令や指示による教師主導型の授業であったのです。このことが、当時、「スポーツ好きの体育嫌い」の子どもをつくり出していると批判を浴び、体力つくり中心の体育のいきづまりに対する打開策が要請されるようになります。

４　楽しい体育と「めあて学習」

昭和40年代の学習指導要領は、まさに体力つくりのブームに大きく影響されたのですが、このことが逆に教材としての各種運動の種目特性があらためて問われるきっかけをつくり出すことになりました。さらに、１９７０（昭和45）年ごろから「みんなのためのスポーツ」のブームが全国的におこり、１９７５（昭和50）年の学習指導要領の改訂では、「運動に親しむこと」「運動の楽しさを知ること」などが強調されました。そして、生涯スポーツ時代に向けて、生涯にわたって運動に親しみうる人間の育成に目標をおきながら、学習指導も運動の特性に触れる楽しさや喜びを、１人ひとりの子どもの能力に応じて学習ができる個を大切にする学習指導に重点がおかれたのです。

この場合の運動の特性は、運動に内在する価値としての楽しさという観点から導き出される機能的特性（各種の運動がそれを行う人間のどのような根源的欲求や身体的必要を満たす機能をもつかという観点から見た特性）のことで、当時いわれていた効果的特性や構造的特性とは異なった特性論として注目を集めました。

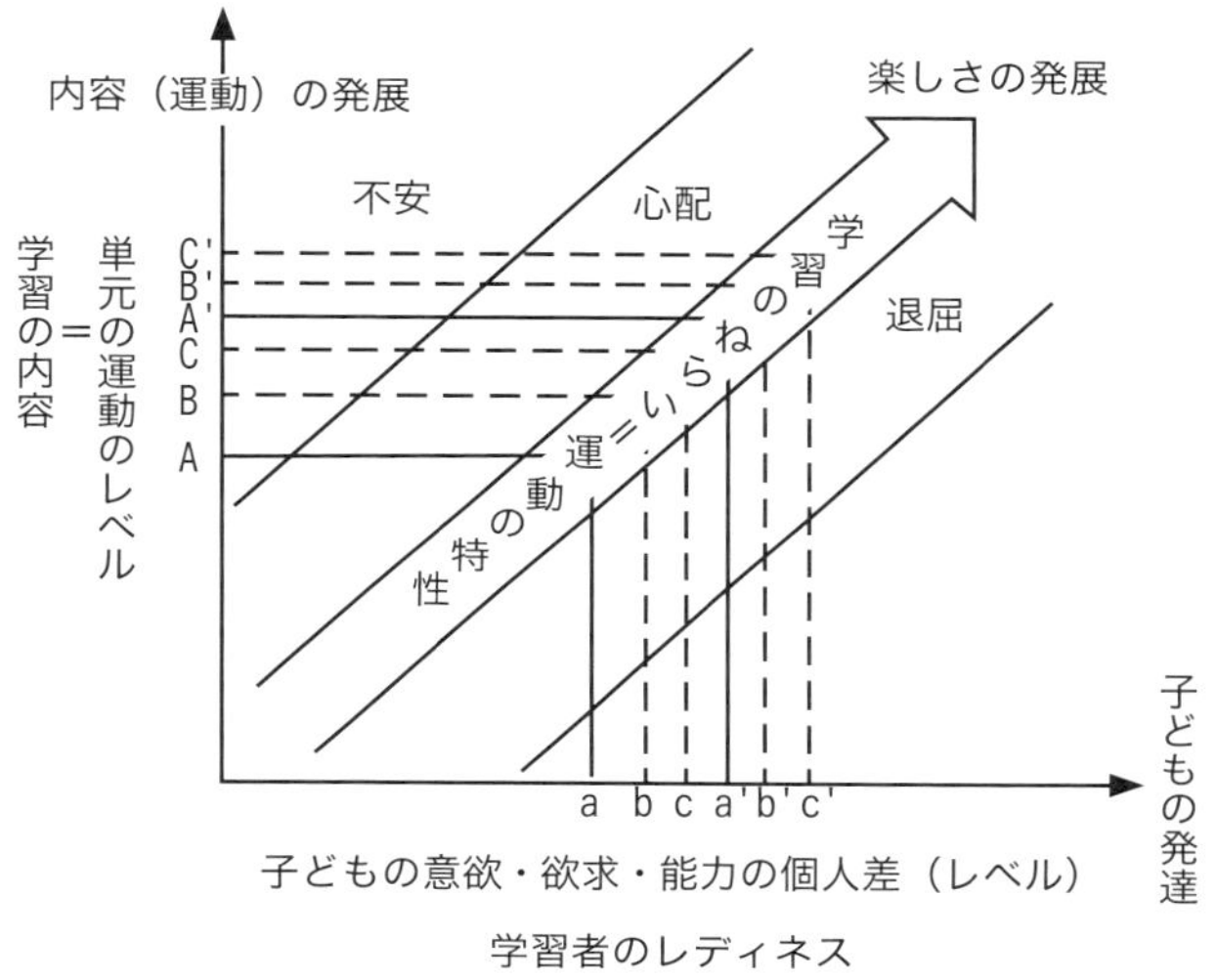

図1　楽しい体育の授業過程の一般モデル（佐伯による）

この特性論は、J・ホイジンガーやR・カイヨワの「遊戯論」を理論的な背景にして、P・C・マッキントッシュの運動分類論をもとに、競争型スポーツ、達成型スポーツ、克服型スポーツ、表現型スポーツに分類されたものです。また、授業論においても、チクセントミハイの楽しさのフロー・モデルをもとに（図1）、「今できる運動で楽しむ学習」段階から「工夫を加えて楽しむ学習」段階へと進む学習過程モデルが示されたのです。

めあて1
今もっている力で運動を楽しむ

↓

めあて2
高まった力に応じて新しい工夫を加えて運動を楽しむ

このモデルをもとにした体育学習を「めあて学習」と呼び、それぞれの学習段階を「めあて1」「めあて2」として、子どもには学習段階に応じて自分に合った「めあて」がもてるようにしたのです。この「めあて学習」は、運動種目をひとつのまとまりとし、それをそのまま学習内容にして、その運動特性に応じた楽しさや喜びを、自らの力で学び取らせようとする課題解決型学習にその特徴があります。

今日の教育がめざすところは、「生きる力」の育成にあります。「生きる力」として自ら学び、自ら考える力を育成するためにも課題解決型学習は、これからもますます重視されることになるでしょう。この「めあて学習」は、課題解決型学習の授業論として、子どもの自発的・自主的学習を促すという点ではたいへんに優れたものであり、子どもが学習活動の全体を把握し、自分の「めあて」をもって、それを自らの力で解決できるように単元計画および授業計画が仕組まれています。しかし、問題は「めあて学習」での教師の指導性が、授業の計画や学習の順序、自発的な学習のありかたなど、授業マネージメント的なことだけに関心が集まり、子どもの動きの指導にはなかなか関心が向かないということです。

5　課題解決型学習と教師の指導性

日本語の「運動」という言葉には、多くの意味をもたせて使っています。そのため、体育における運動学習にも、ふたとおりの意味内容があることに注意する必要があります。ひとつは、運動の楽しさを学習するというときには、運動種目やスポーツ種目のことであり、種目の楽しさやそこでの行動のしかたなど種目全体の学習を意味します。もうひとつは、ある運動を目標に運動感覚の世界において、動きかたを発生させ、「私の運動」としての身体化をめざす学習も運動学習といいます。

「めあて学習」は、運動種目をひとつのまとまりとして学習の対象にし、体育授業での学習の流れを示した授業形態のことです。そこでは、動きかたを覚える学習を「めあて学習」のなかでのひとつの学習内容として取り扱います。そのことから運動技能と運動の楽しみかたとの関係は、運動技能が〈地〉となり、運動（種目）の楽しみかたは〈図〉ということになるのです。〈地〉と〈図〉の関係とは、ルビンの図（図2）で説明されるように、対象形の黒色の壺と白色の人間の顔のどちらの図形のまとまりを強く意識するかによって、壺に見えたり、人間の顔に見えたりします。すなわち、背景を〈地〉にして、そこに浮かびあがってくるものを〈図〉と認識することです。ここでいいたいことは、運動技能は運動を楽しむための基盤になるにもかかわらず、運動の楽しさが浮き彫りになりすぎて、運動技能が背景に沈んだまま学習としてあまり意識されないことです。

図2　ルビンの図

「めあて学習」では、動きかたを身につける技能学習は、どうしても「めあて」のひとつとして他の学習内容と同じ価値で扱われます（図3）。そのため、教師に求められる指導性は、種目固有の楽しさを味わうための学習活動の活性化やその授業マネージメント的なことだけがつねに問題となりやすいのです。そこでは、運動を楽しむために必要な動きかたをあらためて身につけさせたり、それを仲間に伝えるという動きの発生と伝承という問題は、教師側にあまり意識されません。そのため、動きのかたちを発生させるという運動学習はなかなか学習指導の対象にならないのです。

今日の学校体育では、生涯スポーツを視野に入れた運動・スポー

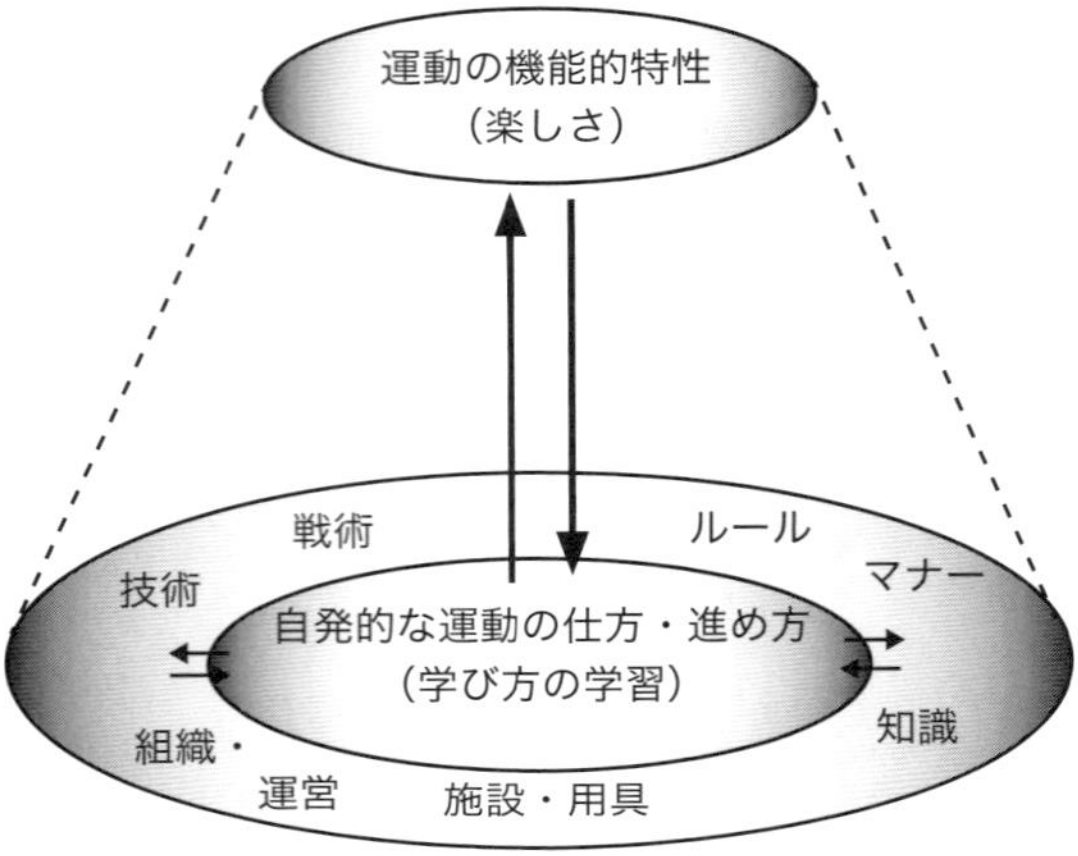

図３　楽しさを構成原理とする教科内容の構造（高橋による）

ツを楽しむための行動学習に主題がおかれるため、どうしても教師側に動きかたを覚える学習の必要性と切迫性が薄くなっています。そして、できなくてもみんなと楽しく運動をする行動がとれれば、生涯スポーツの基礎づくりになると考えてしまうことが多いのです。また、これからの体育は「生きる力」を基本に、自ら学び、自ら考える力の育成をめざして授業が進められます。このことは、けっして否定されるものではないのですが、問題は動きを覚え、身につけることまでも課題解決型学習によって、子どもの自得にゆだねてしまうことです。それが、課題解決力の育成につながると短絡的に考えてしまうことになります。

　このような、学習における教師の役割は、課題解決力育成という視点から、学習資料として学習カードやビデオ教材などを提示し、技能学習の環境を整える支援活動に重点がおかれることになります。最近の体育授業では、以前とは比べようもないぐらい効果的な学習の場づくりなど、さまざまな工夫が行われています。しかし、直接的な技能指導は課題解決の機会を奪うとして、指導をしてはいけないという風潮にあることも事実です。その結果、動きの指導をすればすぐにできそうな子どもに対しても、課題解決力をつけるためという理由で、傍観者的な態度を取ることが許されてしまうのです。

6「めあて学習」と技能学習

動きの指導になかなか関心が向かないもうひとつの理由に、めあて学習での技能学習における運動認識の問題があげられます。めあて学習での目的は、ゲームや技自体を楽しむものであるから、運動を覚えるためにポイントを見つけたり、そのコツをつかんだりすることは、めあてを達成するための手段であり、直接的なめあてではないというのです。すなわち、「めあて学習」での技能学習の位置づけは、運動を楽しむための必要条件ではあるが、絶対条件ではないという認識なのです。そして、技能が高くなくても運動を楽しむことができ、運動の楽しさを求めて学習を進めれば技能もいつかは向上すると考えます。

今日の体育が、技能指導をあまり重視しない原因としては、動きを覚え、身につける運動学習を体育における手段と考えているところにあります。めあて学習では、だれにもあてはまる技術や戦術の教科書的な運動知識をポイントやコツとして学習カードなどで示し、そのなかから自分に合ったものを選ばせて学習を進めようとします。これまでの技能学習との違いといえば、教師から示されるポイントを全員が一斉に練習する教師主導型の学習から、自分で選んで行う選択型の学習へと転換しただけなのです。そして、教師は子どもに選ばせたポイントやコツが、効果的に順序よく練習することができるかどうかの授業マネージメント能力を発揮することのみに関心が集まります。そして、ポイントやコツを運動を楽しむための手段と考えていることから、ポイントやコツがその運動を覚えることに直接結びつかなくてもよいとします。それを練習目標にすれば、運動の楽しさの学びかたの学習になると考えるのです。

体育の授業で動きかたを身につけ、その習熟を高めていく学習プロセスに貴重な教育的価値があることはだれもが認めています。めあて学習では、子どもに「○○の技ができるように、○○に気をつけよう」とか、「ゲームを楽しむために、パスを正確に出せるようにしよう」など、自分に合った技能的課題を選ばせて学習を展開していきます。しかし問題は、教師が技能学習を運動を楽しむための手段と考えることから、どうしても「できるようにしてやらなければならない」という指導の切迫性は薄れ、「できなくても楽しければよいではないか」とか、「自発的な学習が大切なのだから」などの動きの指導に対する隠れ蓑がつねに用意されているのです。このような「めあて学習」では、運動はつねに自得するものとの運動認識がまだまだその根底にあり、教師は技能指導に思い悩む必要はありません。

7 動きかたの指導への無関心さ

たしかに、技能レベルが高くなくても、運動の楽しさを味わうことはできるでしょう。幼児のサッカー遊びなどはそのよい例です。幼児は、みんなでボール蹴り遊びをすれば、サッカーをしていると思っています。しかし、運動種目やスポーツ種目を楽しむためには、見るスポーツは別にしても、その種目に不可欠な動きかた、たとえば、ボールを蹴るという動きができなければ、サッカーというゲームは成立しないのです。また、サッカー自体を楽しむこともできません。その動きかたに上手・下手があったとしても、私の運動として「今・ここ」において実際に運動を行うことができなければ、運動の楽しさも成立しないのです。

いうまでもなく、運動を楽しむことは「私の運動」によって行われます。そこでの「私の運動」は、〈対私的動きかた〉と〈情況的かかわりかた〉の二面性をもって現れます。金子は「この対私的運動というものは、自らの運動感覚身体を駆使する様態が志向されており、他方、情況に応じたかかわりかたとしての私の運動は、どのように現実の情況にかかわって私が動けるかが顕在化される」として、「〈対私的動きかた〉と〈情況に応じたかかわりかた〉は、けっして別種の運動ではなく、〈私の運動〉の表と裏の関係にある」といいます。

このことから、運動を楽しむためには、情況に応じたかかわりかたがつねに問題になってきます。それは、刻々と変化する情況のなかで動くことができるかどうかをふくめ、ルールに合った行動のしかたができるかどうかです。そして、そのようななかで、自分の動きかたを意識することで、対私的動きかたが浮かびあがってくるのです。運動を楽しむことと、そこで私がどのように動くことができるかは、意識の志向性の差異によって現れてくるのであり、どちらも「私の運動」なのです。運動の楽しさを学習することと動きかたを学習することとは、目的と手段の関係ではなく、私の志向性によってどちらかの「私の運動」の意識が表に現れたり、裏側に隠れたりするのです。この問題は、教師の動きかたの指導についての関心のなさが、子どもの対私的動きかたの志向意識の低下、つまり、「うまくできなくてもいいんだ」とか、「自分には運動能力がないのだから」と動きかたを覚えることへの学習意欲の低下につながっていくことです。

また、「今・ここ」で行っている私の運動というものは、動きかたが意識にのぼらないほど身体と一体化して、動きそのものが「身体である」という状態もあれば、動く人の意図や志向と異なる動きかたがある情況のなかで求められると、「私はそのように動けそうにない」という運動意識が生じます。ふだん日常的な動きでは、自分の身体をどのように動かすのかなど、そんなことはまったく意識しないで行動しているのですが、私の身体に異変があったり、新しい動きかたを身につけようとしたりするときに「私はそのように動けそうにない」という状態になります。

たとえば、駅に行こうとするとき、歩きかたを意識しません。時間が気になれば、それに合わせた歩きかたをしています。しかし、足を捻挫してうまく歩けないときは、少しでも痛くないような歩きかたを探しながら歩きます。そこでは、どのような歩きかたをすればよいか、という身体的な悩みをもつことになります。それは、動きのパトス（悩み）的世界が意識にのぼり、自分の動きかたに対して「身体をもつ」という意識が強く現れた状態になるのです。

動きかたを改善したり、新しい動きかたを覚えたりするには、自分の身体を意識して動かし、「動ける身体」をもつことができなければなりません。そのこと自体が、「身体性の学習」なのです。それは「私が動くことができる」という運動感覚世界において、運動感覚能力を身につけることによって、はじめて運動（種目・技）の楽しさを味わうことができるようになるということです。また、ボールゲームでは、仲間との連携プレーのなかで、敵と味方、さらにボールが関係してつねに情況が変化しています。そこでは、それに対応できる動きかたが求められることになりますから、即興的に動けることや新しい動きかたの運動感覚能力も必要になってきます。このような動ける身体をもつことで、ゲームの楽しさが以前より充実したものになることはだれもが知っています。

動きの学習がつねに手段的に扱われるもうひとつの理由に、自然科学的な運動認識によって、動きかたの技術ポイントを図や数値で示し、それを運動を構成する要素として寄木細工のように組み立てていけば、運動ができるようになると考えるところにあります。この運動の〝構築化〟の考えを「めあて学習」のなかに取り入れることによって、客観的な練習の手順を示すことが可能になるのです。ここでも授業のなかにそれを組み入れ、それを管理する授業マネージメント能力が教師に求められることになります。そして、動きの指導に関しては、動きかたを覚えるのは本人の自得以外に道はないとして傍観者の態度が許されるのです。

このように、運動の〝モザイク化〟と〝構築化〟の考えかたには、動きかたを身につけるために欠くことのできないコツの本質的な運動認識が欠如していることは明らかです。コツとは、自らの身体を動かして、何らかの行為をうまくやり遂げるときに、その「動きかた」の要《かなめ》となることを身体が了解することであり、このようなコツを身につければ、動きは一気につくり出されるのです。コツをつかむことは、個人のもつ運動感覚能力に支えられており、その能力が総動員され、それらを統覚（いろいろな運動感覚能力を身体のなかでひとつの動きかたにまとめること）することによってはじめて姿を現すものなのです。そのためにも指導は、コツをつかむために自らの運動感覚世界のなかで悩み苦しんでいる子どものパトス（悩む）的世界に共振しながら､けっして管理者的態度ではなく､子どもに足りない運動感覚的なアナロゴン（類似の運動）をもちいたりして、子どもが動きのメロディーを奏でることができるように導いてやることです。

運動認識の違いが指導方法に大きく影響することは、これまでの体育を見れば明らかなことです。今日の学校体育の技能学習では、運動感覚的な動きを覚えさせるための学習指導と、技術ポイントとその手順を示して学習活動を効果的にマネージメントする学習指導との区別がついていません。つまり、そこには動きかたの指導についての無関心さがひそんでいるのです。

❷ これからの体育に求められる新しい運動理論

１ 子どもの二極化と「体ほぐしの運動」

１９９６（平成８）年の保健体育審議会（現・中教審スポーツ・青少年分科会）で、活発に運動する子どもとそうでない子どもの二極化が進んでいることが報告され、２００２（平成14）年に「子どもの体力向上のための総合的な方策について」の答申が出されたことによって、今日の子どもの心や体をふくめた身体活動のありかたが大きな問題として取りあげられるようになってきました。

二極化でとくに問題になることは、活発に運動しない子どもには、体を動かすことを好まなかったり、基本的な動作がぎこちなかったり、健康や体力など自分の体に関心がなく、運動を行うときに仲間とのかかわりがうまくできず、自然や情況の変化に対応することができないなどさまざまな現象が指摘されていることです。子どもに直接にかかわっている現場の先生たちからも、同じような話しを聞きます。新学習指導要領では、このような子どもの現状に対して、心と体を一体としてとらえる観点の指導を重視することと、その具体的な内容として「体ほぐしの運動」を新たに取りあげました。

この体ほぐしの運動を学習指導要領では、「手軽な運動や律動的な運動を行い、体を動かす楽しさや心地よさを味わうことによって、自分や仲間の体や心の状態に気づき、体の調子を整えたり、仲間と交流したりする運動である」と定義づけています。この運動の特性は、ただ手軽なレクリエーション的な運動や伝承遊びを楽しく行えばよいというものではありません。体への気づき、体の調子を整える、仲間と豊かに交流することを運動のなかで意識化できるようにするところにねらいがあります。

この「体ほぐしの運動」が発表された当時、運動と心の関係を問題にしたことや、技能・体力向上主義で個人中心的な体育から仲間と動きを共有しながら共感的なコミュニケーションをはかろうとすることなど、新しい体育の考えかたが体育関係者以外からも注目されました。そこには、これまでの体育が自然科学的な運動認識によって、体力と技能を短絡的に結びつけたり、その理論を学習システムのなかに取り入れたりして、客観的な物差しをもちいて結果のみを重視する成果主義の体育に対しての批判もふくまれています。

2 体ほぐしの運動が求めているもの

体を動かすことを好まない子どもが多くなってきたことは、経済や科学技術の発展により、社会環境や生活様式の変化などに起因するのですが、幼児期における運動遊びをふくめた運動文化の伝承の問題を見過ごすわけにはいきません。金子は「母親による基本的な運動形成の指導を離れた子どもたちに、その後の運動形成に決定的な役割を果たすのが遊び仲間における運動伝承の営みである」として、「遊び仲間に入れるかどうかは、動きかたの習得が最低条件なのであり、その運動発生に切実な関心をもつようになる」といいます。

また、このことを裏づけるように、現代の子どもについて論じている芹沢俊介は、民俗学者の柳田國男が分類した遊びのカテゴリー、〈家遊び〉と〈軒遊び〉、それから〈外遊び〉という3つの考えかたを引用しながら、この遊びの発達段階が子どもの動きの習得にきわめて大きな影響を与えているといいます。家遊びは乳幼児期の遊びとして家のなかで両親や祖父母、兄弟などに遊んでもらう段階であるとします。そして、軒遊びは外遊びの前の1人遊びをする段階といいます。外遊びというのは、子どもが仲間と一緒になって群れて遊ぶことです。このような遊びの段階で、とくに今の子どもとの違いは、軒遊びにあるといいます。軒遊びは、家遊びが終わったとしても、群れ遊びに一気に入ることができないでいる時期です。そこでは、軒遊びでお兄ちゃんやお姉ちゃんの群れ遊びをチラチラと見ながら、1人で地面に絵を描いたり、ボールを壁に投げたりして遊ぶ時期になります。この時期が、自分自身の時間を確保していくと同時に、「ああ、こうして仲間と遊ぶのか」ということを外側から知っていく時間でもあります。こうして、だんだんと外遊びに耐えられる運動感覚能力が形成されていくのです。このことは、群れ遊びの仲間に入れるだけの動きができたり、それを習得しているかどうかとも関係しています。

家遊び、軒遊び、外遊びがきちんと成立していた時期は、地域社会が共同体として成立していたときの話です。とくに最近は、子どもの軒遊びの姿を見ることが少なくなりました。それは、外遊びの代表である路地遊びが、地域のスポーツ・クラブに姿を変えていったことも影響しているといえます。

今日の少子化問題に加えて、生育環境や地域社会の変化などが原因で、校庭や路地から子どもの外遊びや伝承遊びの姿が消えてしまったことは、幼児期の運動形成にとって大きな問題をはらんでいます。とくに、大人はたんに元気に遊ばせておけば、自然にいつのまにかいろいろな運動形態も運動感覚能力も身につくという考えを強くもっています。幼児期の運動がどのように発生し、変容し、分化していくかについてはとくに意識して指導してきませんでした。一生のなかで、もっとも動きのかたちの発生が顕著なこの時期に、運動形成の機会に恵まれなければ、いろいろな運動形態も運動感覚能力も身につくはずがないことは明らかです。体を動かすことを好まない子どもをつくり出したのは、われわれ大人の責任であるともいえます。このことは、子どもの体力の低下問題とも密接にかかわっており、学校、家庭、地域が一体となって解決しなければならない問題になります。

「体ほぐしの運動」では、子どもになんとか体を動かすことの楽しさや必要性を自覚できるようにしようとします。それだけに、この運動で取りあげられる運動は、体ほぐしの運動としての固有の運動があるわけでもなく、また運動文化として伝承対象になるような課題性をもった運動というわけでもありません。しかし、だれにでもできる手軽な運動や律動的な運動との条件をつけながら、体ほぐしの運動のために効果のありそうな運動を選び出します。その意味では、体力トレーニングが媒介動作を反復的に行うことで生理学的な効果を求め、また、レクリエーションやリフレッシュ・スポーツが心身のリフレッシュ効果を求めるのと同じように、「体ほぐしの運動」でも体を動かす楽しさのなかにその効果を求めようとします。

体ほぐしの運動では、体を動かす楽しさや仲間と一緒になって運動する楽しさをまず経験させることからはじめます。しかし、それが経験のみで終わるのであれば、それは遊びの時間でもよいことになり、体育の時間で行う必然性はないのです。さらに、小学校5、6年生から高等学校まで必修という位置づけがされていることからも、体育科独自の人間教育に不可欠な教育内容としての意味と価値が問われることにもなります。また、ニュー・スポーツなどを学校体育で取り扱うのと同じく、つまみ食い的学習で終わるのであれば、体育で取りあげる意義はいつまでも認められないでしょう。

「体ほぐしの運動」の教師の指導性についても、めあて学習と同じように、子どもが仲間と楽しく運動するために、どんな運動をどの手順でプログラム化すれば効果的な学習活動ができるのかなど、ここでも授業マネージメントが最大の関心事になってきます。しかし、「体ほぐしの運動」は、運動の楽しさを動機づけにして、体への気づき、体の調子、仲間との交流をめざすわけですから、子どもに運動の楽しさの内的衝動を呼びおこし、それによって自分の身体への問いかけができるような指導が求められることになります。すなわち、「私の運動」によって自分の身体を知ること、調子を整えるために動きを改善すること、仲間と共に身体を動かすことによって共振し合うことなど、身体性の問題を抜きに指導することはできないのです。

3　身体性の学習と体ほぐしの運動

これまでの自然科学的客観的な運動認識では、運動する子どもの運動感覚的意識（どんな感じで動いたのかを意識する）に働きかけて指導することができないことは明らかです。また、そこにもっとも大きな問題点があったのです。スポーツ運動はもちろんのことですが、自分の身体や仲間の身体とのかかわりあいを子どもに意識できるようにするためには、どうしても「私の運動」としての運動感覚意識による自分の身体への問いかけや仲間と共振し合う「間身体性」の問題を抜きにして指導することはできないのです。そのためにも、人間教育に不可欠な身体性の学習を重視する、新しい運動認識の運動理論が必要なってきます。

ここでいう身体とは、メルロ・ポンティのいう「現象身体」のことであり、「われわれを動かすものは、けっして、われわれの対象身体ではなくて、われわれの現象身体なのである」ということです。それだけに、私の現象身体が織りなす「今・ここ」での運動を子どもに意識させることで、はじめて体ほぐしの運動のねらいとする指導が可能になるのです。ここでいう「対象身体」とは、外から対象物として見たり、計測をして数量的な尺度で判断を加えたりする身体のことであり、「現象身体」とは「今・ここ」に生きられた私の身体を意味し、自分の運動感覚によって世界を了解していく身体のことです。

さらに、教育哲学のグルーペは、人間の運動の本質に迫る新しい認識を示しながら、「運動が人間の身体関係を顕在化させてくれる」といいます。そして、運動認識の拠点を医学・生物学・心理学・現象学の諸学を横断する人間学の運動理論に求め、生命ある運動、実存として運動が前面に打ち出され、自己運動・主体性・身体性をキーワードとして新しい運動理論が展開されていることを指摘しています。また、メルロ・ポンティは、身体というものは、「私の運動」、あるいは「私の動きかた」として考察することによって、身体がどのように空間のなかに、あるいは時間のなかに住まうかをよく理解できるといいます。それによって、本源的意味において空間と時間をあらためてとらえなおすことができるのです。

そして、金子は「運動というものを、一人称の自己運動として志向的分析するという運動感覚論的な運動分析への新しい道は、客観主義的な運動認識に慣れているわれわれにとっては理解されにくい」といいます。むしろ、「子どもや運動する人は、自分が今ここで動きつつあることを知っており、そして、それは自然科学的な因果分析によってではなく、動きつつある私の身体でその動きかたは一気に了解しているのである。身体性の学習は、動きつつある私の身体、すなわち、運動感覚能力に支えられた現象身体で発生させた私の運動を分析することで、これまでとは異なった技能指導のありかたがわれわれの前に明示され、それによって身体性の学習を中核におく新しい体育学習が開かれることになる」といいます。

4 「身体である」と「身体をもつこと」の関係を重視する学習

グルーペは、「運動が人間の身体関係を顕在化させてくれる」といいます。動くことを好まない子どもは、運動によって自分の身体とチャンネルをもつことができなくて、身体への意識が高まらないのです。それだけに、そのような子どもにはまず体を動かすことの楽しさを味わわせることと、「私はそのように動くことができる」という運動感覚能力を育てる学習が必要になってきます。「体ほぐし運動」の趣旨を生かした指導のねらいはここにあるのです。それによって、運動遊びやスポーツがもつ動きの楽しさの内的衝動を体験させることができるようになります。内的衝動とは、その運動が楽しくてたまらないといった、いわゆる身体の内部から突きあげるような衝動が湧きおこる状態のことです。そのとき、ただ楽しい運動を与えればよいのかといえば、場あたり的なたんなる気まぐれの活動ではその場かぎりのものとなり、つねに教師がとっかえ、ひっかえ新しい運動を提示しなければなりません。そのためにも、そこで提示される運動は、新しい動きのコツがわかり、動く楽しさを身体のなかから感じ、自らの「身体との対話」をすることができ、それによって、動きかたが改善されていくようなものでなければならないのです。

金子は「それは自ら意欲的に、その内心から突きあげてくる〈運動衝動〉に裏打ちされているものでなければならないし、習練の成果が何らかの達成として、眼前に示されることが重要である」といいます。そのとき、「自らの身体に感じ取った成功体験が、さらに新しい運動衝動を揺さぶることになるのだ」として、「そこに解決されるべき運動問題をよくとらえ、そのスポーツ活動の運動形成の位相（練習を重ね習熟していく動きかたのレベル）を高める意欲こそ肝要であろう。合理的なプログラムを組み、仲間同士の楽しい活動を企図しても、そこに運動発生の地平が欠落していては、内在衝動に支えられて楽しいスポーツとして、われわれを魅了することにはならない」といいます。

ここで重要なことは、体ほぐしの運動が、だれにでも手軽な運動や律動的な運動をもちいるとしても、たんにやさしい運動という意味ではなく、子どもの実態に合わせて、動きかたに工夫を加えることができたり、運動感覚として「わかるような気がする」とか、「できそうな気がする」という身体状態感がもてる運動を課題として提示し、それが「できる」ようにするということです。それによって、運動を好まない子どもの内在的衝動を呼びおこし、同時にコツをつかませることで、動きの発生や改善に目覚めさすことにつながっていきます。

活発に運動する子どもは、「今・ここ」での動きつつある運動のなかで、内在衝動に裏打ちされて、動きかたを覚えたり、改善をすることに何のためらいもなく運動を行います。むしろ、自ら積極的に体力つくりに取り組んだりして、苦しい反復的なトレーニングが求められても耐えることができるのです。

しかし、活発に運動しない子どもは、動きかたを覚える学習自体に内在衝動が湧きおこらず、やる気のなさの目立つ行動をとることが多いのです。その理由は、めあて学習では、自分で選択した運動に挑戦することについては、はじめのうちは意欲的に取り組むものです。しかし、自得を求められる学習では、いくら努力しても「できるような気がしない」という状態がつづきます。すると、しだいに学習意欲をなくしていくのです。そのような子どもにこそ、運動の楽しさや心地よさを体験できるようにし、「動ける身体」をもつことで内在衝動を呼びおこし、運動と人間の身体関係を学ぶことができるようにしなければなりません。

また、金子は、グルーペの言葉を引用しながら「子どもにとって、身体は自明性のなかに生きているとして、運動を覚えるという体験世界のなかで、〈身体である〉と〈身体をもつこと〉とのからみあいのなかにこそ、子どもの身体―世界関係がダイナミックに発達していくことができる。このような新しい運動認識に基づいてはじめて、体育における運動感覚能力の習練は、人間形成に不可欠な本質的基礎を提供できることになる。体育がたんなる技能教育の域を超え出て、全人教育の必修教科として重要な位置を占めることができる」といいます。

体育の中核的な学習が、具体的な運動を目標にしての技能学習であることを考えれば、「動ける身体」を獲得することによって、はじめて、「動ける身体」が〈地〉になって運動の楽しさが〈図〉として浮かびあがり、楽しい体育の学習が生涯スポーツに結びついていくことになります。体ほぐしの運動にかぎらず、学校体育がこの新しい運動感覚論を基底にした運動の発生と伝承を学習の中核に据えてこそ、運動学習が体育科の独自性を主張する根拠の学習内容になるのです。そして今日、子どもの自得に任せている運動学習に対して、新しい指導の道を開くことができるようになります。

第3章

新しい運動理論による運動学習

1 体育での運動学習とは

1　体育で学ぶことは何か

体育の中心的な学習は「運動の学習」といってよいでしょう。しかし、運動の学習といっても、日本語では「運動」という言葉に多くの意味をもたせて使っているため、どのような意味で運動を学習させるのかによって、その学習指導のありかたは大きく変わってきます。そのためにも、運動学習の内容を明らかにしておかないと、何を、いつ、どのように、どんな方法で学習させるのがよいか、といった答えはなかなか出てきません。

また、今日の授業では、指導と評価の一体化が求められています。そのためにも、学習内容に応じた評価規準を定める必要があります。そこでは、どんな内容を学習させ、指導するのか、そして何をどんな評価規準に照らして評価し、その結果を次の指導にどのように生かすことができるかどうかが問題になってきます。子どもの学習情況の評価をするためには、どのような内容の運動学習を対象に授業を進めていくのかが明確でないと、評価の観点や教師の指導や支援活動のありかたを明らかにすることはできません。

2　運動を学習するということ

「運動」という言葉は、運動会や運動部など活動の総称は別にしても、体育やスポーツで使われる運動という言葉のなかには、いろいろな活動や学習内容の意味に使われていることがわかります。

たとえば、体育の授業でマット運動やサッカーなどを取りあげる場合、マット運動の授業やサッカーの授業といいます。そして、マット運動やサッカーには、その種目特有の学習のしかたがありますから、広義の運動学習と一般に定義されます。さらに、その運動学習のなかには、マット運動では前転や後転などいろいろな技があります。サッカーには、いろいろなパスのしかたや集団でのパスワークがあります。体育の授業では、それらを目標にして、いつ、どんな順序で、どれくらいの回数や時間をかけて練習させればよいかという、学習の指導計画も運動学習という言葉で表されます。

その学習計画のなかに取りあげられる運動を目標に学習する場合、たとえば前転の学習とか、パスの学習なども運動学習といいます。これらの目標運動は、ただたんに転がるとか、ボールを蹴ればよいというだけではありません。そこには、自分の身体をどのように動かすかという動きかたを覚える学習がどうしても必要になります。これも運動学習です。

このように見てみると、運動学習といってもマット運動やサッカーの種目全体の学習をさしていう場合、技やパスなどの運動の学習計画を立てる場合、そのなかの運動を目標にして学習する場合、目標とする運動をどのように動けばよいかという運動感覚的な動きかたを学習する場合などすべて運動学習で表します。体育の授業のなかでは、いろいろな意味の運動学習という言葉が混在して使われています。

実際の授業では、身体を動かすことができなければ、技やパスができませんし、技や集団でのパスのしかたを目標に順序よく計画的に学習していかなければ、マット運動やサッカーの授業は成立しません。それらは、お互いに授業のなかで機能的に関連しあったものとして、マット運動やサッカーの学習として展開されていきます。子どもは、〈マット運動の学習＝技の学習＝動きかたを身につける学習〉として理解しているので、あまり混乱することなしに授業は進みます。

しかし、指導する立場から運動学習の内容について考えますと、サッカーというゲームの楽しさを教えること、ゲームのしかたや作戦の立てかたを教えること、そのためにパスやシュートの必要性とその運動を順番に教えること、ボールがうまく蹴れない子どもに蹴りかたを教えることなどでは、それぞれ学習指導の内容も方法も大きく異なってきます。そこには、教師が一斉に指導するにしても、また子どもの主体的な学習にゆだねる学習、たとえば「めあて学習」のように、個人にめあてをもたせて、「めあて１」から「めあて２」の学習段階で展開する課題解決型の授業をもちいるにしても、教える中身が違うだけに、同じ指導原理ではそれらすべてを解決できない内容がふくまれることになります。

３　学習活動としての運動学習

体育の授業では、年間の指導計画にしたがって運動領域を単元として学習することになります。そこでは、鬼ごっこ、ドッジボールなどの運動遊びや器械運動のマット運動、ボール運動ではサッカーなどとい

用具の出し入れも学習内容の一部

うように、運動種目が学習内容として選ばれます。この場合の運動学習といえば、運動領域や運動種目において独自の特性をもつ楽しさと、その学びかたをねらいにして進められる学習全体の意味で使われます。

すなわち、授業を成立させるためには、マットだけを用意して「マット運動をやりなさい」とか、ボールだけを与えて「サッカーをやりなさい」というわけにいきません。そこでは、運動の特性や子ども側から見た特性も考えて、その楽しさが味わえるようにするためには、どんな楽しみかたをねらいにして授業を展開しなければならないのか、また、子どもが自発的・自主的に学習する力をどのように育てることができるのかなど、単元計画や1時間の学習活動の流れをもとに体育授業としての学習指導のありかたを検討することになります。

内容的には、準備運動や用具の出しかた、練習のしかたやゲームのしかた、作戦の立てかたや友だちとの協力のしかた、さらに、ルールや知識などを運動（種目）の楽しさを味わうために必要な内容を学ぶことができるようにするのです。

これらの学習内容は、単元計画や学習指導計画など、単元のねらいに応じて、学習過程として1時間の授業の枠組み（フレーム）のなかで示される内容です。このような学習全体にかかわる内容も、広義の意味の運動学習なのですが、体育学習と同じ意味になります。

このような意味での学習は、運動を実施するときの望ましい学習行動や学習規律などが問題となり、教師の積極的な指示がなくても、子ども自身が運動の楽しさに動機づけられて、主体的に取り組むことができるように学習のありかたを工夫します。また、教師がその学習に対してどのように支援・指導していくのかなど、そのかかわりかたなども検討されます。今日、多くの学校で行われている「めあて学習」は、子どもたちにめあてをもたせて主体的に学習を進めていくことを目的にした学習論であり、ひとつの授業モデルとして示されたものです。

子どもが自分に適した課題を見つけ、それを意欲的に取り組み、解決するための努力や工夫することは、教科目標のひとつでもある「運動に親しむ資質や能力」を育てることになります。しかし、一方、批判的な見かたもあります。子どもが意欲的、主体的に取り組んでいるのだが、技能的な内容に関しては「すべてを子どもにまかせっぱなしにしてよいのだろうか」といった疑問から出てくる批判です。

授業では、かならず運動がうまくできない子どもや、意欲面で問題になる子どもがいます。そこには、運動が「できない」子どもと「やろうとしない」子どもがいるので、当然、学習への取り組ませかたも違ったものになります。「やりたい」のだが「どうしてもできない」子どもは、いくら意欲があっても動きかたがわからなければ、やはり「できない」ままで終わってしまいます。そこには、動きかたについての指導が必要になってきます。しかし、「できる」のだけれど「やろうとしない」子どもには、授業そのものを魅力的にすることと、新しい動きに挑戦することや動きを改善するなかに運動衝動を感じ取れるような意欲面においての指導が大切になってきます。

すなわち、体育での学習過程や授業マネージメント的方法を改善し、子どもの主体的な学習をいくら保障したとしても、子どもが「やりたい」「やろう」としている運動をすべて子どもが「できる」ようになっていくとはかぎらないのです。それは、体育での全般的な学習の意味と動きかたを覚える学習の意味を同じにとらえ、学習の場と条件さえ与えれば、あとは子ども自身の力で動きかたを覚えること（自得）ができると考えた結果、おこる問題です。

運動の楽しさを味わわせることや主体的な学習に導くことは、体育の授業の基本的な条件になります。しかし、子どもに「めあて」をもたせて授業を進めていけば、できない子どもの運動指導をしなくてもよいということにはなりません。そのような自得にゆだねる体育授業では、ほんとうの意味での運動学習が行われたとはいえないのです。

4　技能学習と運動学習

マット運動やサッカーを楽しむにしても、その種目を構成しているいろいろな運動があります。体育では、その技能化を求めて授業が展開されていきます。運動の楽しさを求め、運動への挑戦やゲームを中心にして進めるマネージメント的な授業では、技能化は運動を楽しんでいるうちに高まっていくと考えます。

しかし、体育で学習目標にする運動は歴史的・文化的な価値をもって伝承されてきた運動です。それだけに、習練の対象として動きかたを身につける工夫や努力がどうしても求められるのです。

たとえば、マット運動の場合ですと、転がる運動を前転、後転、開脚前転、伸膝後転など、それぞれの運動には動きの構造(動きのかたち)をもっています。その構造的特徴から技を技群として分類することで、技を体系化することができます。体育では、そのような技のなかから学習する技を選び出して目標技にします。そして、マット運動では、それらの目標技が「できる」ような動きかたを身につけていくところに運動学習としての楽しさがあります。

サッカーですと、サッカーの特徴としてキーパー以外は手を使わずにボール・コントロールしながら、おもな動きとしてボールを蹴ることにあります。そこでのボールを蹴る動きをドリブル、パス、シュートなど目的に応じた運動に分類します。そしてさらに、パスにはインサイド・キック、アウトサイド・キックなど特徴ある蹴りかたがあり、その蹴りかたを覚えることになります。同時に、その蹴りかたを覚える目的は、情況に応じてゲームで使えるようにすることですから、いろいろな情況を想定して仲間との連携プレーのなかでの蹴りかたもできるようにします。

めあて学習では、子どもがゲームを楽しむなかにいろいろなキックを身につけ、パス能力が高まることを期待します。たしかに、ゲームのなかでパス能力は高まっていきますが、敵味方が入り乱れて情況がつねに変化するゲームのなかでは、思うようにボールが蹴れなかったり、味方にうまくパスが通らないことが多くあります。とくに、ボール運動の苦手な子どもはボールに触れる機会も少なく、得意な子どもとの技能差はますます開いていくことになります。

そのためには、ボール運動でどのような蹴りかたをすればよいかなど、対私的動きかた（自分の動きかた）

への意識をもつ学習と、いつ、どこに、どのようなパスを出せばよいかなど、情況的かかわりかた（周りに対しての動きかた）への意識をもつ学習の指導が必要になってくるのです。ゲームのなかでは、対私的な動きかたと情況に応じたかかわりかたは、そのつどの私の志向性によって意識されます。しかし、情況に応じたかかわりかたは、「私はそのように動くことができる」という私の運動感覚能力に支えられています。それだけに、あまりゲーム中心の放任的な授業になって、対私的な動きかたの学習をおろそかにすると、高学年になっても個人技能、集団技能の高まらないゲームのままということも珍しくないのです。

運動を楽しむためには、技能（動きかた）を高める学習がどうしても必要になってきます。しかし問題は、子どもの運動発達や技能習得の状態も考えないで、同じ技を全員に学習させたり、パスやシュートの回数を目標にさせたり、コンビネーション・プレーを形式的に反復させたりすることです。このような技能学習が、技術主義・系統主義的な体育として落ちこぼれをつくり出すことになっていったのです。過去の二の舞は避けるべきでしょう。

個に応じた学習指導として、子どもと運動の関係を大切にした技能学習の重要性がいわれています。そこで、いくつかの技のなかから自分に合った技を選ばせたり、できるだけやさしいものからむずかしいものへと、その学習段階を子どもにわかりやすく示し、学習カードや資料などをもちいて学習させます（図4）。それによって、子どもが「今もっている力で運動を楽しむ」から「新しい工夫を加えて運動を楽しむ」という「めあて学習」が成立し、技能的なことも自分に応じた課題を選び、自らの力で解決していくことができるようにします。

問題は、このように学習の流れを子どもに理解させ、いくらスモール・ステップ（教師側からのやさし

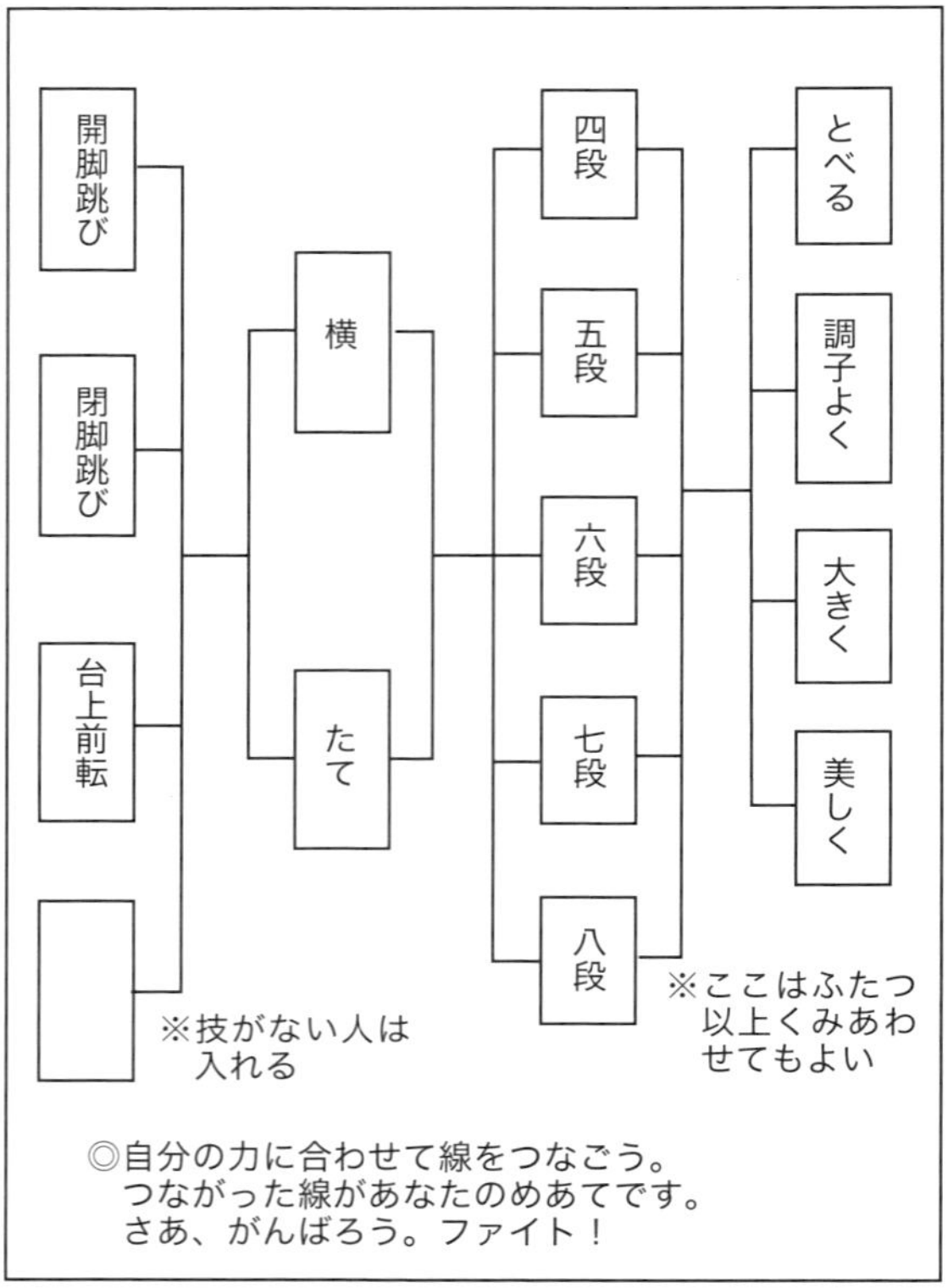

図４　めあてを決めるための資料

い↓むずかしい）の学習段階が示されても、それだけでは運動が「できる」という保障はどこにもありません。なぜなら、子どもはどのようにして自分の身体を動かせばよいのか、いぜんとして動きかたについてはわからない状態のままで、「自得」（自分自身で身につける）するしかないからです。すなわち、子どもの運動感覚的（身体の動かしかた）学習の問題を抜きにした指導や支援活動は、あくまで学習プログラムとして運動を子どもに提示しただけで終わってしまいます。それは、子どもの主体性にゆだねるというマネージメント的管理指導だけでは、動きかたの学習をすべて解決できないことを意味しています。

運動学習にとってもっとも大切な「できる」ようにするためには、どうしても自分の身体の動かしかたのコツがわかる学習、すなわち、子ども側に立った運動感覚能力を育てる動きの学習を問題にしなければならないのです。

❷ 運動指導について考える

1 運動の楽しさを学習すること

運動をどんなスタイルで楽しむのか、そのための楽しみかたはどうしたらよいのかなど、運動特性に応じた学習活動のありかたについては、単元計画や学習指導案によって明らかにされます。このような意味での学習は、当然、生涯スポーツに向けての学習に必要な理論を教育学や体育科教育学、体育社会学、体育管理・経営学などに求め、それによって基本的な授業論が提供されることになります。そのモデルとして、「めあて学習」が示されたのです。

このような授業論が示されても、それだけでは授業が成立しませんから、より具体的な学習内容として、運動領域や種目のなかから習練目標になる運動を取りあげ、それを目標にして学習が行われます。同時に、子どもにとって運動を楽しむために学習しなければならない課題として、技能、ルールやマナー、用具の扱いかた、仲間との協力のしかたなど、全般にわたって学習することができるようにします。それぞれの課題には、運動を楽しむための意味や価値をもたせて学習が進められます。

2 運動の楽しさは「できる」ことにある

運動の楽しさは、なんといっても運動そのものを行うことにあります。動きかたを学習するとき、ルールやマナー、用具の扱い、仲間との協力のしかたなどと無関係に学習されることはありません。運動学習では、そのような歴史的・社会的価値観が動きかたを覚えることと必然的にからみあっています。それだけに体育では、人間の運動は「もの」の運動とは違って、動きかたにそれぞれの意味や価値をもって、子どもが運動を「できるようになりたい」「どうすればできるのか」などパトス的（苦しみ）な世界のなかで動きを身につけることになるのです。また、体育では、そのような運動技能を身につけるということを直接的なねらいにする学習であるだけに、どのようにすれば「できる」ようになるかといった〈動きかた〉の学習がとくに重視されなければなりません。

たしかに、「できなくても楽しければ」ということもあるでしょう。しかし、子どもの心のなかは「できるようになりたい」と思いつつも、どのように動いたらよいのかわからず、「できなくても自分なりに楽しめればいい」と、なかばあきらめているのかもしれません。

今日の体育学習の基本的な考えかたは、運動の楽しさを子どもに味わわせることと、生涯スポーツとして運動を生活のなかに取り入れ、豊かな人間生活が営める能力の育成をめざします。過去の体育が、「できる」ことをめざす技能一辺倒の体育であり、「できない」子どもの心のなかに強い劣等感をいだかせ、体育嫌いをつくり出したという反省があります。そのためにも、すべての子どもに楽しさが味わえる学習をめざすことに重点をおくことになります。そこに、体育の基本的な考えかたがあります。

そのことが、「楽しい体育」というスローガンのもとに「子どもが楽しんでいればよい」「できなくても楽しければよい」ということにすり替えられてしまっている心配があります。子どもが運動を楽しめるように学習活動を仕組んだり、学習の場を工夫することは、体育授業でもっとも大切な条件になりますが、それを隠れ蓑にして技能面の指導をしなくてもよいということにはなりません。もし、体育嫌いが「できない」ことに起因しているのであれば、教師は子どもの技能について、新しい視点からの運動理論をもちいた技能学習の指導のありかたを検討する必要があります。

そのためには、まず、これまでの体育の伝統的な指導の考えかた、すなわち、運動を教えるために動きを要素化し、鋳型にはめ込み、反復させて行うような技能学習から脱皮することが求められます。子どもは「できるようになる」ことに胸をふくらませて、体育の授業に取り組んでいるのです。なんといっても運動の楽しさは、「できる」ようになるプロセスのなかで感じられる運動衝動を体験することなのです。

3 「できる」ということをどのように考えるか

どんな運動でも動きかたを覚えるためには、まず目標とする運動が示されます。示された運動がすぐに「できる」ようになるのであれば、問題はありません。しかし、「できない」から運動の学習が必要になってくるのです。

たしかに、提示された運動がすぐに「できる」子どもは、クラスに何人かいます。そのような子どもは、過去の運動経験から運動感覚能力を豊かにもち、その動きに対してすぐに「動ける身体」をもって、キネステーゼ志向性（実際に自分でやっているような動きの感じで思い浮かべる）による運動メロディーを奏でることのできる子どもなのです。

基本的な歩く、走る、跳ぶ、投げる、蹴る、といった運動は、日常的に身につけている運動ですから、あらためて学習する必要はありません。最近は日常動作のハビトゥス（社会的に伝承されてきた習慣的な動きかた）の崩壊により、基本的な動きをあらためて指導することが必要な子どもも多くなっている現状があります。体ほぐしの運動の趣旨を生かした指導が求められるのも、このような事情が影響しています。

低学年の運動遊びの場合、日常的運動で動きが構成されていますから、ルールやマナー、場づくりを工夫することで楽しく運動をすることができます。「かけっこ」はだれにでもできるので、競争的な楽しさをどのように味わわせるかを問題にして授業を仕組めば、あまり技能的なことは指導しなくてもすみます。

しかし、高学年のリレー・短距離走では、競争の楽しさを深めるために、バトンの受け渡しや速く走るための動きかたの学習がどうしても必要になってきます。

ハードル走を考えてみましょう。走ることや跳ぶことはできても、それを組み合わせてハードルを跳ぶために、跳びかたや中間疾走のリズム、それらを連続することなど新たな動きかたが求められることになります。そこには、求められる動きがすぐにできる子どもと、なかなかできない子どもがいます。それだけに、動きかたを身につける学習がどうしても必要になってくるのです。

ボール運動でも同じことがいえます。ボールを投げたり、捕ったりすることはできるのですが、ゲームのなかで友だちと協力プレーをしたり、いろいろな情況のなかで使えるようにするためには、どうしても、そのような情況に応じて動くことのできる技能を身につける学習が必要になります。

　このように考えると、今もっている力で楽しめる運動は、学習環境を整えるマネージメント的指導で運動を楽しむことができます。しかし、「できない」ことを「できる」ようにする運動学習になると、子どもの主体性を重視するマネージメント的な学習指導だけでは十分でないことがわかってきます。マネージメント的授業には、学習の場を提供すれば動きかたを身につけることができるという「自得」の考えかたが根強く残っているからです。

　めあて学習では、1人ひとりの子どもと目標とする運動との関係を重視します。教師はそれによって個に応じた指導や支援活動をすることになります。そこには、チクセントミハイの楽しさのフロー・モデルをもとに、子どもの技能レベルと運動の難易性をアジャストさせることで、運動の楽しさを味わえるという考えかたがもとになっています。この考えかたは、運動学習にとって大切なのですが、問題は、そこでの運動学習の意味内容はあまり取り入れられずに、単純にやさしい運動からむずかしい運動の序列を決めて、子どもに提示していることが多いということです。

4　子どもにとっての動きを覚える意味

　運動を覚えるということは、その子どもの運動感覚能力と覚えようとする運動が子どもにとってどんな意味をもつ運動なのかの関係で、運動学習のしかたが決まってきます。運動学習は、子どもの現在の状態と動きの形成位相から見て、大きく3つの内容に分けることができます。

①できない運動を覚える学習（動きの発生・習得にかかわっての学習）
・子どもの状態が原志向位相↓探索位相↓偶発位相のどの位相にあるのかによって指導内容が決まる。
②できる運動をよりよいものにする学習（動きの習熟・修正にかかわっての学習）
・偶発位相↓図式化位相における指導内容が中心になる。
③他人と協力したり、いろいろな情況のなかで使えるようにする学習（動きの自動化・適応の学習）
・図式化位相↓自在位相における指導内容が中心になる。

ここでの位相とは、動きのかたちが形成されるレベルに対して5つの動きの形成位相を示したものです。簡単に説明を加えておきます。

・原志向位相　目の前に示された運動に対して感情的に嫌ではないというかたちですでに運動感覚的に動きかたに共感が生じている状態にある。
・探索位相　私のアナロゴン（類似）的動きを駆使して探りをいれ、運動感覚の触手を伸ばして動きかたを探索をする。何となく「わかるような気がする」と思う状態にある。
・偶発位相　はじめて「できる」ときであり、偶然に「コツをつかむ」ことである。何となく「できそうな気がする」という身体状態感をもって、コツをつかむためにまぐれ当たりの頻度を高める状態にある。
・図式化位相　思うように動くことができる感じに出合い、コツは身体化される。さらに、コツの危機、修正やわざ幅への志向などに向かう状態にある。

・自在位相　自在に動けるということ、他者とのかかわりのなかで自ら動くのに何の心身の束縛も障害もなく、感性質（むだがなく、安定し、即興的な動き）や体感能力（気配を感じ、情況に応じる動き）など、動きと合体した心のもちかたへの志向状態にある。

このように、子どもの形成位相の違いによって学習課題のもたせかたなど、すべて同じ指導法や練習方法をもちいるわけにはいかないのです。

5　技能学習がなぜ子どもに嫌われるのか

技能中心の体育が子どもに嫌われた理由として、教師の技能指導のありかたに問題があったのですが、それ以上に、体育の専門家からの運動理論の提供にも問題がありました。

これまでの運動指導は、自然科学の概念・分析的な研究によって導き出される指導理論を、そのまま子どもにあてはめようとしたのです。さらに、知識としての運動理論を与えて、動きを覚えるのは子ども自身の問題としてしまいました。そこには、運動感覚的な指導理論としての動きの発生論的運動理論が欠落していたのです。

われわれは、科学的な観点からの運動指導は大切だと考えます。しかし、ほんとうに科学的といえる指導に問題はなかったのでしょうか。

問題のひとつに、動きかたを概念的にとらえて指導していることがあげられます。たとえば、走るにしても、鬼ごっこでの鬼の走りや逃げ手の走りかた、50メートル走の走りかたもあれば、走り幅跳びや跳び箱での助走としての走りかた、サッカーでのドリブル走などいろいろな走りかたがあります。それらを、すべて同じ「走」という概念でとらえて指導しようとしたことです。その例として、子どもの走りかたをいろいろな場面のなかで、情況に応じた走りかたの意味を理解しないまま、「走る」運動をすべて速く走ることがよい走りかたとして、「しっかり走りなさい」「もっとスピードをつけて」とか「しっかり腕を振って」などの言葉で指導していることが少なくありません。

人間の動きは、情況に応じていろいろな動きかたが求められ、当然、そこでの動きかたもいろいろな意味をもち、あるまとまりをもって私たちにその姿を見せます。そのような動きの指導には、形成位相に応じた動きの意味構造を理解することで、はじめて1人ひとりに合った指導ができるようになるのです。動きの意味構造とは、「今・ここ」で動きつつある運動のなかに未来の予測と過去の感じをふくみ、つねに止まることなく未来に流れいく運動のなかに、運動者の運動感覚意識がどのように現れてくるのかということです。すなわち、子どもの動きの習得レベルに応じて、子どもがどんな動きの感じをもって動こうとしているのかを共感して理解することです。

次に問題となることは、一流選手にもちいられる科学的な指導理論を、子どもの指導にまで同じ理論が持ち込まれることです。科学的といわれる指導理論は、自然科学的な因果的分析によって、運動の客観的なデータを見つけ出すことで行われます。そこで、理想の選手の動きをモデルに、コンピュータを駆使して分析を行い、それを数量化して客観的なデータが取り出されてきます。場合によっては、1人では客観性に乏しいので、成績のよい複数の選手の運動を分析し、その平均値のデータを求めます。ここでの実験は、多様な情況から切り離され、運動を概念的にとらえ、できるかぎり再現性のある運動をもちいて行われます。そして、指導したい選手のデータと比較すれば、何が問題かを指摘することができます。それによって、解決するための体力トレーニングとか技術トレーニングの必要性を提示することができるのです。当然、トレーニングは、研究者から提供されたデータをもとにコーチがトレーニング・メニューをつくり、それにしたがって選手がトレーニングすることになりますが、その結果はすべて選手自身の責任になります。なぜなら、研究者やコーチは、科学的客観的なデータとトレーニング・メニューを与えたのだから、あとは選手の努力しだいということになってしまうからです。

たしかに、体力面での向上が見られるようになります。しかし、その体力の向上が目標とする動きの改善に結びつくとはかぎりません。選手の本音は、どうすれば自分の目標とする動きの感じがつかめるかという「コツ」を知りたいのですが、それはあくまで「自得」しなければなりません。動きかたを身につけるということは、他人が代わってやることができませんから、選手自身の創意工夫とたゆまぬ努力が求められます。そこにスポーツの素晴らしさがあると多くの人はいいますし、その姿に多くの感動を呼びおこします。

このような科学的な指導理論は、競技スポーツをめざす選手には通用するのですが、問題は、学校体育で子どもの指導にまでこの指導理論が持ち込まれることです。

動きができあがっている選手には、トレーニング・メニューにしたがってトレーニングを積むことで達成力を高めることができます。しかし、子どもはまだ動きかたができていなかったり、未熟であったりしますから、まず新しい動きを覚えたり、身につけることからはじめなければなりません。そこには、概念・

因果的分析とはまったく違った動きの発生原理にもとづく指導理論が必要になってくるのです。つまり、動きかたを覚えるために「私はそのように動くことができる」という運動感覚能力を育てる指導がどうしても必要になってくるのです。

6　新しい運動理論の芽生え

これまでの学校体育での技能学習は、種目の構造的特性から基礎体力、基礎技能、個人技能、集団技能、ゲームのしかたなどを導き出し、ゲームが行えるようになるまでの学習の道すじを計画します。そして、それをいかに効果的に、効率よく学習させることができるかが指導上の課題になり、管理的で反復練習に頼る学習指導を中心に進められていきます。そして、クラスで何人できるようになったかによって、授業自体の評価が行われるのです。

そのような体育では、たとえクラスに「できない」子どもが少数いるとしても、それは時間的にも授業の限界としてしかたがないことであり、子どものがんばったことを教育的に評価してやればよいと考えます。

しかし、今日の体育は、すべての子どもに「できる」喜びを味わわせることを大切にした学習指導の工夫が求められています。そこで、子どもにはできそうな運動からむずかしい運動へと「めあて」になる運動をできるだけ多く提示して、あとは子どもに運動を選ばせて学習させる「めあて学習」が取り入れられています。「めあて」となる運動は、いちおう、運動の系統的・段階的な観点から運動例を学習カードなどで示すのですが、学習活動自体は、これもひとつのプログラム学習になっていて、それを覚えるのはやはり子どもの「自得」によるものとして、ここでも管理的な学習指導が中心に行われることになります。

金子は、「動きを覚え、教えるための理論」として、発生論的運動理論を提唱しています。それによると、「動きを覚えることは運動感覚的な世界の問題であり、自然科学的に数量化した客観的データをいくら詳細に示し、コンピュータでそのシミュレーションができるとしても、それを人間（子ども）がどのように覚えるかは別の問題である」といいます。言い換えれば、身体による「わかる」と「できる」の統合が必要になるのであり、「したいのだができない」というパトス的な動きの世界のなかで試行錯誤の末、やっとコツをつかみ、それによってはじめて動きを覚えることができるようになるのです。そこでの運動指導理論は、どうしても人間学的に基礎づけられた主観的な体験世界による感覚的な運動理論が必要になってくるのです。子どもたちに「できる」喜びを味わわせる運動指導の理論は、まさにこの新しい視座に立つ発生運動学によって構築されることになります。

7 運動指導における教師の役割

運動学習では、1人ひとりの子どもを伸ばすために教師と子どもの関係、すなわち、「教える―覚える」の関係を新しい視点からとらえなおした運動指導の理論が求められていることを述べました。

学習指導要領では、各種目の技能内容として、いくつかの運動の例示があげられています。体育授業では、それらの運動の技能を身につけることを具体的なねらいにして学習が進められます。

「めあて学習」では、自己目的的な課題解決学習として、例示の運動のなかから自分にあった運動や課題が選び出せるようにします。教師は、子どもが運動を選び出せるように学習カードなどで示し、だれもが挑戦できる運動学習の条件を整えることに指導性の重点をおきます。

しかし、子どもが選び出した運動でも、これまでの子どもの運動経験や学習状態によっては、目標とする運動にすぐに取り組めないこともあります。たとえば、跳び箱運動の頭はね跳びなどは、これまで経験したことのない運動だけに、学習の道すじ（動きかたを身につける道しるべ）を教師は提示する必要がでてきます。

すなわち、運動種目の特性に応じた楽しみかたができるようにするためには、動きの指導がどうしても必要になり、その指導は、教師の重要な役割になってくるのです。さらに、どれくらいの運動指導にかかわる知識と経験をもっているかどうかも問題になります。それによって、指導や支援活動の内容も変わってきます。この点に関しての教材研究が、体育授業の成否を決定づけるといっても過言ではないのです。

8　模範的指導事例もひとつの指導方法

授業で運動を学習させる場合、目標となる運動を図解で示しながらポイントになる動きを説明します。また、その練習方法をひととおり説明します。しかし、その説明だけで、クラス全員の子どもが「できる」ようになるとはかぎりません。それは、子どもの過去の運動経験や現在の運動感覚能力に違いがあるからです。そこで、教師は運動課題の条件をやさしくしたり、場の工夫をしたりして、すべての子どもに挑戦できるような環境づくりをします。

このような指導の工夫が、教師にとってもっとも頭を悩ますことであり、ある意味では体育における運動指導がむずかしいといわれる理由のひとつにもなっています。

そこで、実技指導書や授業研究会などでの実践例を参考にしながら授業を行うことになります。しかし、いくらよい指導事例であっても、その指導事例をそのまま自分のクラスに当てはめても、すべての子どもにうまくいくというわけではありません。

ここでいいたいことは、どんなによい指導事例であっても、それがすべての子どもに当てはまるとはかぎらないということです。また、指導事例をそのまま鵜呑みにして、授業のなかで鋳型的にパターン化して教えることが、さらに、「できない」子どもをつくり出してしまうこともあります。どんなによい指導方法も、それはあくまでひとつの方法であって、「できる」ようになる道すじは、けっしてひとつだけではないのです。子どもの動きをよく観察すると、子どもが自分の動きに対して、どんな動きの感じをつかみたいのか、どんな感じで動こうとしているのか（対私的動きかたの意味構造）を見いだすことができます。それによって、個人の運動感覚世界に働きかけるいくつもの指導方法があることに気づくはずです。

運動指導で大切なことは、教師がいろいろな指導事例を参考にしながらも、教師自身が子どもの動きに、どんな感じで動こうとしているのか（動きの意味構造）を見ぬき、その子に必要な運動感覚能力を育てるための動きの課題や道しるべになる指導をそのつど考え出すことです。そこでは、運動の「何を」「どのように」指導をすればよいのかを、はっきりと理解しておかなければならないということも大切になります。そうでなければ、個々の子どもにあった指導方法を導き出すことはできません。

9　運動についてどんな知識が必要か

どんな学習指導でも「何を」が明らかになって、はじめて「いかに」教えるかが問題になってきます。したがって、運動学習でも、まず、運動の「何を」について学習させるかを明らかにすることが指導の前提になってきます。

そこで運動学習の「何を」は、学習する目標運動（技や課題をもった個々の動きかたなど）ですから、まず、目標運動がどんな課題をもつ運動で、どんな動きのかたち（図式、構造、ゲシュタルト〈ひとつのまとまりをもつもの〉）が現れるのかを知らなければなりません。

すなわち、目標運動の動きの構造（かたち）と、動きの体系（どんな動きのかたちから発生し、どんな運動に発展していくのか）をよく理解しておくことが必要になってきます。動きの構造や動きの体系化というと、どうしても私たちは運動を概念的・分析的な機械論的思考でとらえようとしますが、そうではありません。

ドイツの心理学者であるヴァイツゼッカー（『ゲシュタルトクライス』を著した）は、人間の運動には、心と身体などを、生物体としての人間全体が環境世界との接点で自己の主体性を維持するために営んでいる行為として一元的にとらえる必要があり、「生命あるものの研究は、生命とかかわりあわなければならぬ」といいます。このような人間の運動認識が、動きの発生に関する理論として運動学習理論の基礎理論になっています。

10 動きのかたちの意味を読み取る

われわれ人間が運動を行うときは、明確な目標をもった行為として身体を動かします。それによって、その行為にあった動きのかたちが発生してくるのです。『スポーツ運動学』を著したドイツのマイネルは「教育学的視座におけるスポーツ運動学の試み」と副題をつけ、運動学習における動きを「教える—覚える」ための理論として、動きの構造論を中心に新しい理論を構築しました。

そのなかで、人間の運動を日常生活でもちいられる「日常運動系」、労働のなかで生産のためにもちいられる「労働運動系」、スポーツのなかで見られる「スポーツ運動系」、コミュニケーションや表現活動のために使われる「表現運動系」の４つに大きく分類しています。そして、それらは厳密に境界線を設定することができないとしても、それぞれの対象領域の特徴を明確にすることは、動きの意味構造を知るうえで重要なことであると述べています。

スポーツ運動系と労働運動系は、明確な行為性をもちますが、それは異なる意味づけによって特徴づけられます。労働運動系は、「運動そのもの」が生産目的のための手段として効率性と結果が重視されるのに対して、スポーツ運動系の動きは、動きの課題性からくる運動経過そのものに重点がおかれることになります。そして、生産という目的から解放されたことによって、スポーツ運動では多様な運動課題を設定することができるのです。また、多様な動きの変形や組み合わせをふくめた新しい動きのかたちへと発展させることもできます。

このことの意味は、スポーツ運動をたんに「身体的」活動とだけ考えてしまうと、生物学的・力学的現象以外の何ものでもなくなってしまい、その現象は自然科学的研究によって余すところなく明らかにされることになります。しかし、それでは人間の行為性として意味をもつ動きのかたちがどのように発生し、形成されていくのかをまったくといってよいほど知ることはできません。

このように考えると、運動指導のために、動きの構造を要素的な動きに分析したり、運動の量的なもの、たとえば、動きの全体的なスピードや回数など測定可能な要因から導き出したのでは、指導に役立つような動きの構造の認識は得られないことは明らかです。運動指導にとって大切なことは、子どもがどのような感じで動いて、動きのかたちを発生させようとしているのか、そこに現れるたえざる動きのかたちの変化を教師が感じ取りながら、動きの意味構造を把握することがもっとも重要なことになってくるのです。

そこで、動きの意味構造を知ろうとすると、まず運動者（子ども）の運動経過（動きかたとそこに現れる動きのかたち）に着目する必要がでてきます。運動経過とは、「ある具体的な運動をする場面のなかで、その種目のルールに従い、動きかたに明確な目標設定をもって、運動者の運動として具体的な動きになって表れるもので、けっして観念的な運動像ではない」ことをマイネルは強調しています。

そして、運動経過は一回性の原理と発生の原理に支配されているといいます。一回性とは、二度と完全に同じ運動経過を見ることはできず、同一課題に対してその時々の多くの解決があり、それは、運動者によってさまざまなしかたで解決される性質をもつものということです。このことは、私の運動は時間ゲシュタルト（過去に過ぎ去り、未来に向かう時間性のなかで動きつつある動きのかたち）として刻々と変化する空間のなかで、動きのかたちが生成と消滅をくり返しながら現れているという事実からも理解できます。

また、発生の原理からは、つねにある動きの状態から次の動きの状態へ移行することによって、新しい動きのかたちが発生し、それは運動経過のなかで動きの完成度の状態として見ることができます。また、それは形成位相にしたがって発生し、けっしてあともどりすることはないのです。

教師が子どもの動きかた（運動経過）を観察することは、ただたんに外側からの観察だけではなく、子どもが今どんな形成位相にあって、どんな感じで動こうとしているのかに共感することであり、それをもとにして、はじめて動きの感じの指導（改善）が可能になるのです。それによって、より高い形成位相へと導くことができます。そのことは、すでに動きの意味構造に対しての問題意識をもって指導していることになります。

11 動きのかたちを見る視点は

詩人で有名なゲーテは、生き物の形態というものを、たえまなく動き、生まれ変わりつづけるなかに、かたちの理論をモルフォロギー（形態学）と名づけます。そこでは、直観を重視して自然をたんに漠然とながめるのではなく、注意深く見つめることで、自然はおのずからその秘密を明かしてくれるといいます。そして、「熟視は観察へ、観察は思考へ、思考は統合へとかならず移行するものであって、だから世界を注意深くながめているだけで、われわれはすでに理論化を行っているということができる」と述べます。

運動を観察することは、指導に欠かせないものです。それでは、どんな問題意識をもって運動を見ればよいのでしょうか。動きの指導は、子どもの運動を観察することからはじまります。しかし、たんに漠然と運動をながめるだけでは、何も見ることはできません。たしかに、目の前で行われた子どもの動きをだれでも見ることができるのですが、注意深く見つめることと、ただ漠然と結果だけを見るのでは、動きそのものの見かたが当然違ってきます。たとえば、よく知っている人がそばを通っても気がつかないことがあります。それは、目で見えているのに意識として見ていないのです。隠し絵などで見えなかったものが、一度意識にのぼると、あとはいつでも見いだすことができるようになります。

運動を観察することも、これと同じ現象と考えてよいでしょう。すぐれた指導者や専門家が、目の前で行われた運動に対して適切な指示を出すことができるのは、運動を注意深く見つめること、すなわちテクスト能力（何がおもな問題かを見ぬく力）をもっているのです。

そこで、マイネルは運動経過をカテゴリーによって把握することの重要性を述べ、それによって、動きの構造に関しての情報を得ることができると同時に、運動観察能力も養うことができるとして、そのカテゴリーを次の３群に大別して考えています。

①動きを視覚的に把握するカテゴリーとして、動きを準備・主要・終末局面に分節化して観察する「**動きの局面構造**」、全体的な動きかたを特徴づける「**動きの調和**」があります。

②動きを力動的に把握するカテゴリーとして、どこで力を入れ、どこで力を抜くのかの「**動きのリズム**」と、身体各部の動きの順序性と加速した動きに制動をかける「**動きの伝動**」、動きのスムーズさを見る「**動きの流動**」、動きの衝撃を緩和して次の動きにエネルギーを蓄える「**動きの弾性**」があります。

③心理的な側面を把握するカテゴリーとして、動きをスムーズに組み合わせたり、相手の動きを予測するための「**動きの先取り**」、目標に対して合目的に経済的なしかたで正確に行う「**動きの正確さ**」などがあります。

これらは、動きの意味構造を理解したり、子どもの立場になって指導するときには欠くことのできない視点になりますが、とくに、運動の「何を」教えるかについては、「動きの局面構造」と「動きのリズム」のカテゴリーがとくに大切になってきます。次は、動きの局面構造について、具体例をもとに考えてみましょう。

3 動きの構造（かたち）について考える

1 「動きを教える」ということ

子どもに「逆上がりはどんな運動でしょうか」と質問をしてみます。小学校では、かならずといってよいほど全員が取り組む運動ですから、子どもならだれでも知っています。しかし、このだれもが知っている運動でも、子どものなかにはできない子がいます。それは、逆上がりにかぎったことではありません。体育で学習する運動には、「運動は知っている」が「できない」といった運動が多くあり、子どもにとってどうすればできるかがわからないでいるのです。

運動学習では、身体による「わかる」と「できる」の統合をめざすわけですから、「できない」ことは別に悪いことでも、その子に能力がないわけでもありません。「できない」からこそ学習がはじまる、といってよいのです。

逆上がりの学習では、はじめに示範やビデオなどでどんな運動なのかを見せ、子どもに運動の様子をわからせようとします。それによって、子どもはどんな運動かをいちおう頭で理解します。そのとき、子どもに「どうすればできるの」と聞かれますと、教師は「今、見たとおりにやればよいのよ」と答えるか、「しっかりと足をけって逆さになりながら鉄棒の上にあがるのよ」と説明して、あとは自分でやってみるように指示を出します。

教師は、逆上がりは見ればどんな運動か「わかる」として、あとは自得によって自分で覚えるものと考え、「やればできるようになる」と指導するのが一般的です。しかし、子どもはどのようにすれば逆上がりができるのかを教えてもらっていないので、逆上がりという運動が頭でわかっていても、どうすればできるかといった身体の動かしかたについては、いぜんわからないままです。

たしかに、人間が運動を覚えるときは、目の前に示された運動を摸倣することで覚えていくのですが、いくら模倣してもできない運動もたくさんあります。摸倣によって覚えられる運動は、過去に経験した運動か、類似した運動経験をもちあわせていることが前提になります。

ここで少し整理してみます。私たちは、運動指導で「運動を教える」ことと「動きを教える」ことを同じ意味で使っていないでしょうか。ここでの「運動」と「動き」は言葉の違いだけではなく、明らかに教える内容に違いがあることに気がつかなければなりません。すなわち、私たちは子どもに視覚情報として図解やビデオなどで「運動を教える」のですが、それは運動を示したことであり、「動きを教える」ことまでは指導をしていないのです。

「動きを教える」ということは、たとえば、逆上がりという運動ができるようになるために、子どもがどのように身体を動かし、どんな動きの感じをもって、いつ、どこで力を入れれば逆上がりという〈動きのかたち〉を発生させる（生み出す）ことができるのか、という意味の指導のことなのです。

2 動きの構造（かたち）を知るということ

教師は運動指導で、教えようとする運動がどんな運動かを当然知っておかなければなりません。しかし、それがただ運動を「知っている」だけでは指導することはできません。たとえば、分数を知らないで分数を教える先生はいないでしょう。そこでの「知っている」は、どのように教えれば子どもが分数という概念を理解し、それを使って計算ができるかということをふくんでのことです。

体育でも教える運動を教師が「知っている」ということは、どのようにすれば「できるようになるか」をふくんで「運動を知っている」ということでなければなりません。私たちも多くの運動を知っていますが、それらをどこまで教えることができるでしょうか。学校の教師は、せめて体育で学習させる運動ぐらいは「できる」ようにする指導力をもつことが要求されます。そのためにも、子どもの動きをよく観察する必要があるのです。そこで、動きを観察する視点としては、はじめに動きの構造（かたち）をどのように把握しているかが問題になってきます。

動きの構造は、モデルとなる逆上がりを写真やＶＴＲに収め、どのように体を動かしているのかを分析することで知ることもできます。しかし、現実に目の前で行われる子どもの運動、たとえば、逆上がりに挑戦している子どもが、これまでにどんな動きの感じによってその動きのかたち（逆上がり）を発生させようとしてきたのか、そして、「今・ここで」といったリアル・タイムのなかでどんな動きのかたちが現れ、次の逆上がりを行うときに、どのような感じで動こうとしているのかなど、動きの発生にかかわっての動きの意味構造が問題になってきます。

教師は、そのためにも子どもが今、覚えつつある逆上がりの動きのかたちをしっかり見る必要があります。それによって、子どもがどんな感じで動こうとしているのかを共感することができ、子どもにどんな運動感覚能力（私はそのように動くことができる）を身につけさせなければならないのか、「動きを教える」ために何を指導すればよいかが明らかになってくるのです。

すなわち、動きの構造を知るということは、すでに完了した「運動」の知識ではなく、動きのかたちの発生にかかわって「今・ここ」で動きのかたちがメタモルフォーゼ（変化）していく姿と、子どもの「私の運動」としての運動感覚意識をどれだけ理解することができるかということなのです。

３　動きの局面構造を理解する

人間の生命ある動きは、勝手に分割線を入れられないゲシュタルト（ひとつのまとまりをもつかたち）として、部分は全体に、全体は部分に密接なかかわりをもつ構造によって成り立っています。このことを前提にしながらも、動きの構造を知るために、動きをある局面に区分することができます。この局面区分は、けっして運動を静止図形として外側からとらえ、任意の分割線を入れて区分するようなものではありません。それは、自分の運動感覚意識よって動きを「自分から考えてみる」ことで、はじめて局面を区分することができるのです。それだけに、この局面の区分を理解するには、子どもの運動感覚意識に共感する交信能力が教師に求められてきます。

マイネルは、スポーツ運動を、①非循環運動、②循環運動、③組み合わせ運動の３つに分類して、その局面構造を特徴づけることができるとしています。

非循環運動とは、投げること、走り幅跳びや逆上がりなどのようにひとつのまとまりをもつ動きで、ある課題を解決することのできる運動をいいます。ここでの運動感覚意識は、はじめと終わりが意識され、さらに動きに違和感を感じたり、中断すると失敗したという意識をもちます。

循環運動とは、走ること、泳ぐこと、なわとびなどのように、同じ動きがくり返して行われる運動のことです。この循環運動も一回性と発生の原理にもとづきますから、つねに完全な同じ運動がくり返されるのではありません。たとえば、なわとびは循環運動ですが、そこでは、機械的に同じ跳びかたがくり返されるのではありません。実際になわとびをするとわかりますが、1回1回にリズムやタイミングのずれがあったりして、たえず修正を加えながら跳びつづけようとする運動感覚意識が働きます。

組み合わせ運動とは、ボールを受けて投げることやマット運動での技の組み合わせなど、2つあるいはそれ以上の異なる運動を連続して行う運動をいいます。ここでの運動感覚意識としては、「〜しながら〜する」といった、先行する動きのなかに次につづく動きの先読みとして「感じの呼び込み」があります。

そして、まだ行われていないその動きに対しての価値意識もともないます。すなわち、次につづく動きを「上手に動きたい」とか、「美しく」「かっこよく」という意識です。

このような分類にもとづいて、もう少し運動をよく観察すると、その動きのなかを機能的な役割をもつ局面に分節することができます。それを局面構造といいます。

4　非循環運動の局面構造

まず、非循環運動の局面構造について考えてみましょう。ここでは、準備局面と主要局面、終末局面の３つの局面に動きの機能を分節することができます。

準備局面とは、言葉のとおり主要局面での動きを準備するための動きをいいます。それによって、主動作の動きをスムーズにしたり、必要なエネルギーをもっとも効果的、経済的につくり出したりする働きをします。動きの特徴としては、ボールを投げるとき、手を後ろに引き込み、主動作に対して反対方向にまず動作を行います。また、跳び箱運動や走り幅跳びのように、主動作と同じ方向で行われる助走、予備踏み切りなどもあります。ここでは、何々のために「〜しようとする」という運動感覚意識が働きます。

主要局面は、運動の中核をなす局面で、目的を達成するための課題を直接解決することになります。課題によっては、独自の動きかたが求められ、他の運動と区別することができます。たとえば、オーバースローとアンダースローなどの投げかたに区別されます。運動感覚意識として「〜する」となります。

終末局面は、主動作は急に終わるのではなく、余韻を残しながら今まで入れていた力を抜き、バランスを保ちながら終わる局面をいいます。この局面では、主動作がうまくいったかどうかを評価することもでき、ボールを投げ終わったときや跳び箱の着地などがこれにあたります。ここでは、「〜した」という運動感覚意識をもちます。

5 局面構造からの逆上がりの指導

局面構造からの指導について、逆上がりが「できない」子どもを例にして考えてみましょう。「できない」といっても、逆上がりの〈かたち〉にはじめからならない子ども、振りあげる足が鉄棒に近づかない子ども、足が離れると腕が伸びてしまう子ども、逆さになろうとして体を反らしてしまう子ども（写真参照）、腕を引き寄せすぎて回転が途中で止まってしまう子どもなど、10人いれば10色の原因が考えられます。それを、ひとつの指導法で教えようとしても無理なことは明らかです。

そこでまず、局面構造の区分から見て逆上がりの動きがどの局面まで行われたかを判断します。逆上がりをはじめるとき、足の位置や足の振りあげ方向が決まらず、逆上が

逆上がりで体を反らしてしまう子ども

りの準備ができない状態で行う子どももいます。この子どもは、準備局面でどんな体勢からはじめればよいかわからないわけですから、足を踏み込んでいく位置や足を蹴りあげるタイミングなどの指導をします。そして、腕で上体を鉄棒に引き寄せ、上体を後方に回転しながら足を振りあげることができるように「しようとする」という意識をもたせる指導が必要になります。そのような指導法として、踏切板などで坂を利用し、鉄棒に近づきながら回転をしやすくするのもひとつの方法です。登り棒の後ろ回りで、タイミングや方向を知るのも有効になります。

次に、足はしっかり蹴っているのですが、途中で回転が止まり、鉄棒の上に体があがっていかない子どもの場合は、主要局面に問題があるのです。逆上がりは、鉄棒に体を引き寄せ、後方に回転しながらあがる運動ですから、どうしても体を引き寄せる力と後方に回転させる感覚が求められます。そのためには、体がクルッと回転「する」感じや鉄棒から体が離れないように脇をしめて力を入れて回転「する」感じがわかるようにします。指導法としては、補助をしてもらったり、低い鉄棒で行わせたりします。また、体を引き寄せる感じがわかるような懸垂腕屈伸の運動も必要になります。

しかし、ここで注意してほしいのは、逆上がりでは、腕の力が必要だからといって、筋力を養うことのみを指導することです。逆上がりが上手にできる子どもを見ますと、足のけりと回転のタイミングを合わせることで、腕の力をあまり使わないでやっています。それは、逆上がりイコール腕の力ではないことがわかります。そのためには、準備局面と主要局面の関係から、タイミングよく体を引き寄せるときの力を入れる感じの「コツ」を身につけることです。その「コツ」は、体力的な腕の力の問題ではなく、動きかたの問題なのです。子どものなかには、懸垂腕屈伸が1回もできないのに逆上がりができる子どももいま

跳び箱や補助板を使うとコツをつかみやすい

す。子どもの状態によっては、補助板や補助者などで足を上に振りあげながら回転する「コツ」をつかむことのできる場を多く経験させることです（写真参照）。できれば、1回1回の動きかたに対して、どうであったかを評価してやることも大切になります。

次に、鉄棒の上に腰が乗って何とか「できる」ようになったときです。子どもにとって1人で「できた」と感じる瞬間なので、喜びももっとも大きいものです。しかし、終末局面として、体がなかなか起きあがらず、支持姿勢になれないで、もがいている子どもを見かけます。鉄棒をしっかり握りすぎて、手首の返し（支持になるために必要）をしないで体を起こそうとしているのです。手首をどのようにすればよいかを教えれば、すぐに解決する問題です。

逆上がりができない子どもは、まず腰が鉄棒の上にあがることを目標にしますから、それで「できた」と思ってしまっているのです。そして、もがきながらでも支持姿勢になりますが、動きは途中で中断してしまいます。そのためには、最後まで回転を止めないで上体を起こすように「した」という感じをもたせるようにします。終末局面がどんな姿勢で終わればよいのかも、逆上がりを評価するための見かたになります。

6　動きの調和と局面構造

どんな未熟で完成されていない動きでも、局面構造は見られます。動きの指導をするとき、準備局面がまだ不十分であっても、それを完全な実施状態にしなければならないというものではありません。たとえば、幼児のボール投げは、準備局面でバック・スイングをあまりとらないで、いきなりボールを投げることがあります。そこで指導者が、大人のようなバック・スイングをいくら教えても、投げる動作に有効に結びつかず、むしろ全体的な投げる動きのバランスがくずれて、へんに力の入った動作で投げてしまうことがよくあります。

すなわち、いくら未熟な投動作であっても、それはひとつのまとまりをもって投げる動きがかたちづくられているのです。そこには、投げるために分割することのできない動き（モナドコツ）によって、投動作が発生していることを意味しています。それだけに、全体的な投動作の調和が大きくくずれないように子どもの運動感覚意識に共感して、それぞれの局面を改善するようにしなければなりません。

子どもの動きの調和が少しでもくずれると、それを感じ取ることができる能力もここでは大切になります。もし、そのような能力をもっていなければ、動きを修正・改善することはできません。その動きの調和のくずれに気づくことによって、はじめて投げかたの質を徐々に高めていく指導ができるのです。言い換えれば、準備局面でどのように「〜しようとする」のか、主要局面でどのように「〜する」のか、終末局面でどのように「〜した」のかを子どもの運動感覚意識にもとづいて指導することができるかどうかの問題なのです。

7　跳び箱運動の動きの構造

跳び箱運動の構造を考えてみましょう。跳び箱運動は、非循環運動のようにとらえることもできるのですが、助走から着地までの動きをよく観察しますと、それは、助走、予備踏み切り、踏み切り、第1空中局面、着手、第2空中局面、着地の7局面に区分することができ、それぞれ異なった動きの組み合わせで成り立っていることがわかります（図5）。

そこで、それぞれの動きの特徴を図解などで示し、テクニカル・ポイントとして指導するわけです。しかし、跳び箱運動で問題になるのは、異なる7つの動きが一連の流れの連続によって跳び越すという動きの〈かたち〉をつくり出していることです。運動能力に何も問題がなくても跳べない子どもには、どのように動きかたを連続していけばよいか、「コツ」がわからなくて悩んでいるのです。

動きを連続して組み合わせるためには、あとにつづく動きがどんな感じで

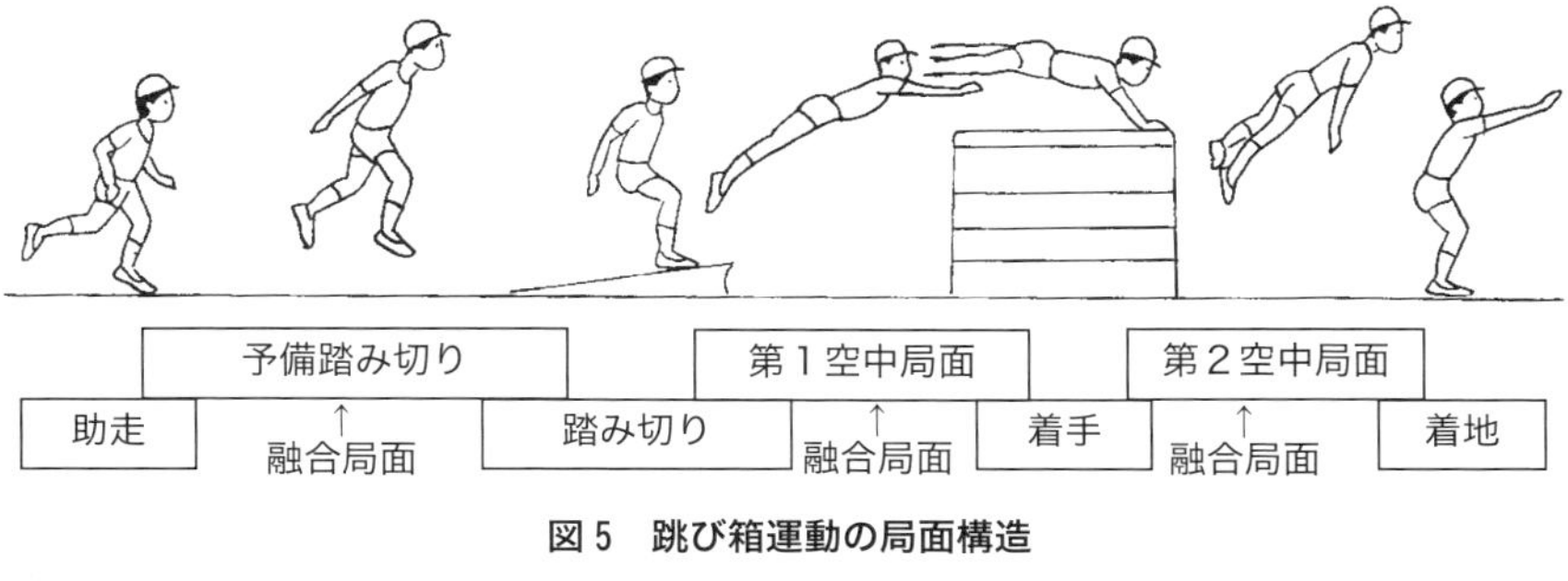

図５　跳び箱運動の局面構造

動くのかがわかっていなければなりません。もし、その次につづく動きかたが過去の運動経験から運動感覚意識として呼びおこすことができなければ、それは未知の動きかたとなり「感じの呼び込み」は当然できません。

それでは、もう少しくわしく動きが連続していく仕組みを見てみましょう。助走からタイミングよく踏み切るためには、走ってきて踏み切りの準備に入る予備踏み切りのタイミングがうまくできるかどうかにかかっています。そして、次に、踏み切ってジャンプしながら着手の準備をする第1空中局面の動きも、さらに、着手してから手で跳び箱を突き放しながら身体を浮かせて着地に入る第2空中局面の動きも、跳び箱運動では重要な局面になってきます。

このような動きには、前の運動から次の運動へジョイントする働きをもっています。そして、それは単純にひとつひとつの動きが順番に行われるのではなく、前の運動の終わり（終末動作）が次の運動のはじまり（準備動作）へと動きを重ねることでつながっていきます。これを融合局面、あるいは、中間局面と呼びます。

この融合局面の特徴は、言葉で説明すると、「～しながら～する」と表現されるように、２つ以上の動きの組み合わせには、かならず見られるものです。問題は、たとえ２つの動きが単純に組み合わされたとしても、そこにある機能は分割できないゲシュタルト（かたち）をもっていますので、この部分だけ取り出して学習することができないということです。なぜなら、それは２つの動きを連続するなかで、かたちづくられる動きだからです。

わかりやすい例で説明しますと、ボールを捕って投げるときに動きがスムーズに組み合わされると、そこにははっきりと融合局面が見られるようになります。投捕を組み合わせるときは、はじめぎこちなくてなかなか融合局面が見られなくても、捕ったらすぐに投げる練習を何回もくり返すうちに、「捕球しながら投げる準備をする」といったスムーズな組み合わせの動きかたがつくられていきます（図6）。

しかし、投捕のような組み合わせでは、うまくいかなくても何回も練習することができます。しかし、跳び箱運動では、一連の動きがうまくつながらないと、跳び箱に体をぶつけたり、落ちそうになったりします。失敗することは、跳ぶことが怖くなったり、何回も挑戦することがいやになってしまうので、このことが原因で跳び箱を嫌いになる子どもは少なくありません。

8 組み合わせ運動としての跳び箱運動

跳び箱が跳べない子どもでも、走ることやジャンプすること、手で体を支えることや台の上から跳び下りることなどは当然のごとくできます。馬跳びやタイヤ跳びなどを行わせてもいちおうできます。跳び箱を跳ぶための運動能力を調べてみても何も問題がないのに、開脚跳びになると、どうしても踏み切りの手前にくると止まってしまいます。たとえ踏み切ったとしても、跳び箱の上で腰を下ろして跳び越すことができません。

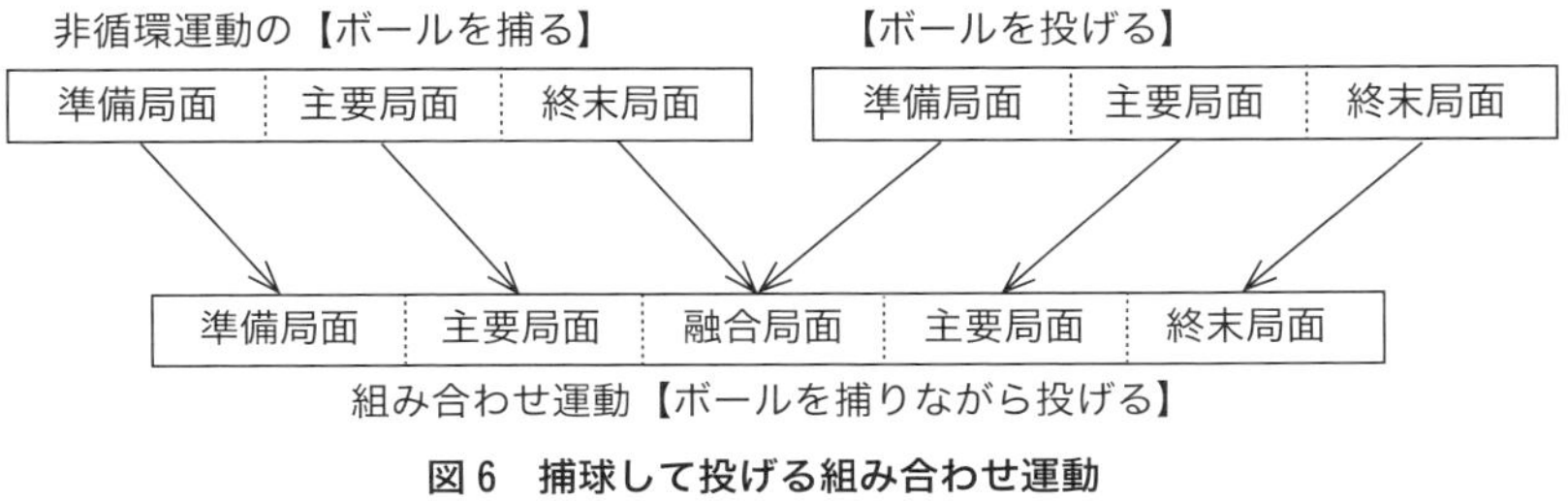

図6　捕球して投げる組み合わせ運動

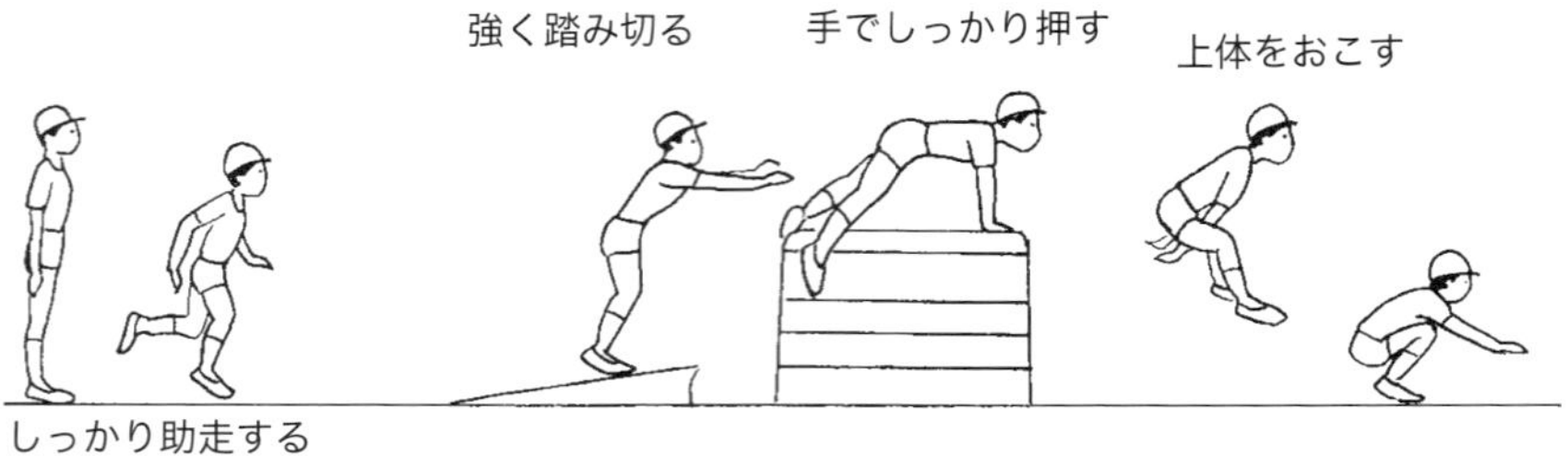

①７歩助走でリズミカルに跳び越す。
②両足踏み切りで→両足をそろえて上からたたきつけるようにする。
③着手は前方３分の２くらいのところに着き→突き放して跳び越す。
④ひざはできるだけ深く曲げて着地する。

図７　開脚跳びの図解とテクニカル・ポイント

そのような子どもに対して教師は、「思い切って踏み切りなさい」「手をもっと跳び箱の前に着きなさい」「手を着いたら、肩を前に出して手でしっかりと跳び箱を押しなさい」などの指示を出して指導を行います。わかりやすくするために、跳べる子どもと跳べない子どもをビデオに撮って比較できるようにします。また、図解などでテクニカル・ポイントを示して子どもに理解させようとします（図７）。子どもは、そのような先生の説明を頭では納得できるのですが、それでもうまく跳び越すことができません。

それでは、なぜ子どもは自分の欠点がわかり、テクニカル・ポイントが示されても跳べないのでしょうか。ひとつには、運動能力の認識のしかたに違いがあるからです。どうしても私たちは、運動能力を走る能力や跳ぶ能力として測定できるものと考えてしまいます。しかし、跳び箱を跳ぶための能力は、そのような能力ではないのです。前にも説明しましたが、「私はそのように動くことができる」という運動感覚能力に支えられて、はじめて跳ぶことができるのです。そしてこの能力には、これから跳ぼうとする未来の動きかたを先読みとして、「そのように跳ぶことができる」という能力も備えていなければなりません。

跳べない子どもは、踏み切ったあとにどんな動きの感じなのかがよくわかりません。また、手を突き放したとき、体を前に乗り出して跳ぶという感じも、さらに跳んだときにどんな体勢になるのかも感じがわからないのです。

すなわち、それはいくらテクニカル・ポイントを教えても、どのように身体を動かせばよいのかという子どもの悩み（パトス）を理解しておかないかぎり、テクニカル・ポイントはけっして生きた指導にはならないのです。教師が、跳び箱を跳ぶという動きの発生にかかわって、「何を」指導すればよいかということは、覚えようとしている目の前の子どもの動きとの関係で明らかになってきますから、形式的な技術指導や言葉の指導だけで、問題を解決することはなかなかむずかしいことなのです。

跳べない子どもは、どんな悩みをもっているのでしょうか。跳び箱に体がぶつかると痛いことや、落ちることへの恐怖心もあります。また、「思い切って跳ぶ」ためには、助走からどれくらいのスピードで踏み切ればよいのかわかりません。さらに、「手を前に着く」といっても、踏み切りでどんな感じで体を前に乗り出しながらジャンプすればよいのか、手を着くとき「肩を前に出す」といっても、そのまま前に落ちてしまうのではないかなど、いろいろなことが不安になってきます。子どもは、指導でいわれることはわかっているのですが、身体が思うように動かせず、なかなか「跳べるような気がしない」ので悩んでいるのです。

跳べるようになるということは、大人が考えるほどそう簡単なことではありません。子どもは、「やろう」としても「できない」動きのパトス的世界のなかで、動きの感じをつかむために試行錯誤し、解決していかなければならないのです。そのような子どもの悩みを手助けすることが動きの指導なのです。このことは、跳び箱運動だけの問題ではなく、すべての運動にあてはまります。

9 どのようにして動きを組み合わせるのか

走ること、跳ぶこと、投げること、ぶら下がったりよじ登ったり、転がることなどの「動きの基本形態」は、子どもが自ら活発に周りの世界に応答するなかで身につけ、生きた動きの財産として「身体化」したものです。

子どもは、このような個々の「動きの基本形態」が身につくと、それらを組み合わせて使うことで、多様な目的に応じた動きを行うことができるようになります。たとえば、走ることと跳ぶことを組み合わせることで、走り幅跳びや走り高跳びができるようになります。また、走ることと投げること、キックすること、捕らえることと投げることなどを組み合わせていろいろなボールゲームができるようになります。人間の運動は、ほとんどが動きの組み合わせによってつくり出されています。また、そこから新しい動きが創造されることも少なくありません

私たちは、個々の動きを教えることには熱心であっても、動きを組み合わせていく指導は、どうしても見過ごしやすく、個人の「自得」にゆだねることが多いようです。その理由として、ひとつひとつの運動ができれば、あとは組み合わすことができるものと思い込んでいることです。さらに、組み合わせのつなぎの局面が、次の動きの先読みとしての「感じの呼び込み」が行われ、そこには動きの価値意識が働くため、きわめて個人的な運動感覚意識によって行われることです。ここでの価値意識とは、次の運動の習熟状態

によって「なんとか連続しよう」とする場合もあれば、次の動きを「かっこよく」とか、「美しく」などと動きのかたちに価値意識が働くと、感じの呼び込みが異なってきます。そして、その部分だけを取り出して指導することができないことも指導の対象にならない原因になってきます。

私たちが今ここで動こうとしている動きは、これから何をするのかという未来的なことによって規定されています。それだけに、先読み能力は、動きの組み合わせに欠くことのできないものになります。そして、今ここの運動のなかに次の運動に対する構えと動きかたの予測までがすでに取り入れられています。さらに、心的な構えや情況に応じて、どう動くかの読みなどもこの先読み能力によって行われます。

別のいいかたをしますと、動きの先読みは、次の動きがどうなるのかわからず、動きかたができないときは何も先読みすることができないのです。たとえ、とっさに先読みなしに動くような場合でも、即興性の能力が働きますが、そこにもすでに「私はそのように動ける」という能力をもっていることが前提になります。動きを組み合わせるためには、次の動きをどうすればよいのかがわかっていること、すなわち、その動きが「できる」という状態にしておく必要があります。

10 ビデオ分析とは違う運動感覚意識

教師がいくらビデオを分析して、手を着くときの上体や肩の角度を測り、助走のスピード不足を指摘しても、跳び箱が跳び越せない子どもは、助走で踏み切りの先読みができません。また、踏み切ったあとにどんな感じで跳びあがり、跳び箱に手を着いてよいのかもわかりません。さらに、手を着いて跳び箱の上に乗ったとしても、手の突き放しから着地までの先読みができませんから、跳ぶことを途中でやめてしまいます。

跳び箱が跳べる子どもは、運動感覚能力（私はそのように動くことができる）をもとに、ビデオの映像や連続図などに自分の動きかたの感じを重ね合わせて見ることができるのです。しかし、跳べない子どもは、跳ぶための運動感覚能力をもっていませんから、いくら映像や連続図でテクニカル・ポイントの説明を受けても、動きかたの感じにつながっていきません。すなわち、跳べない子どもの運動感覚意識に働きかけた指導になっていないのです。

運動感覚意識に働きかける指導を行うには、外側から運動を対象物として見るのではなく、「今・ここ」で「どのように動こう」として、「どのように動けた」のかといった運動している子どもの運動感覚意識にもとづくものでなければなりません。すなわち、「今・ここ」という動きの意識のなかには、未来も過去もふくむ幅をもつ現在の動きかたを分析する必要があるのです。

現象学では、「今・ここ」を予持・原印象・把持をもつといいますが、金子は、「予持」を「予感」と表し、「把持」を「直感」と表して感覚性を強調しています。「今・ここ」での動きに、先読みとして「どのように動こう」としているのかが「予感」にあたり、動きの想起として「どのように動けた」かが直感になります。

どんな運動を行うときも、動きの流れのなかで、この予感と直感が運動感覚意識として働いています。そして、この予感と直感は、同時に意識されることはありませんから、どちらかが意識されると、もうひとつは意識の後ろに隠れます。いつでもそれを志向すると、意識することができます。

11　子どもは開脚跳びをどのような感じで跳んでいるのか

私たちは横からの連続図を見せられて運動の説明を受けることに慣れています。しかし、それは私が動くときの視覚像とは異なります。また、運動感覚意識とも異なります。ここでは跳び箱運動を例に、開脚跳びを跳ぶときの運動感覚意識を考えてみます。同時に、跳べない子どもの場合と比較してその違いも考えてみます。写真と図8、図9は運動感覚意識を理解しやすくするための参考です。

①まずはじめに跳ぶ前は、跳び箱を見て踏切板までの距離や踏切板と跳び箱の間隔、そして跳び箱の高さと手を着く場所など、これからの運動を意識（予感）します。ここでは、私の運動感覚能力をもとに、これから行う開脚跳びの全体経過をふくめて、どんな跳びかた（大きく跳ぶ、手を前に着く、着地を止めるなど）にするかを運動メロディーで奏でています。

②助走を開始すると、意識はまだ運動の全体経過にありますが、徐々に踏切板での踏み切りへと意識が切り替わり、予備踏み切りから踏み切りまでの先読み（予感）を行います。そのなかに助走のスピードや歩幅を感じ取り（直感）、その瞬間に踏み切りのため（予感）のスピードを調整します。ここでは、予感と直感が交互に意識されます。

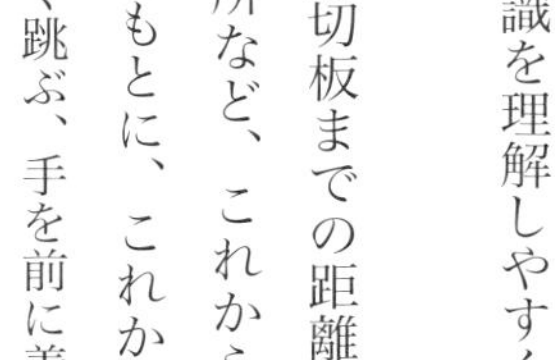
①

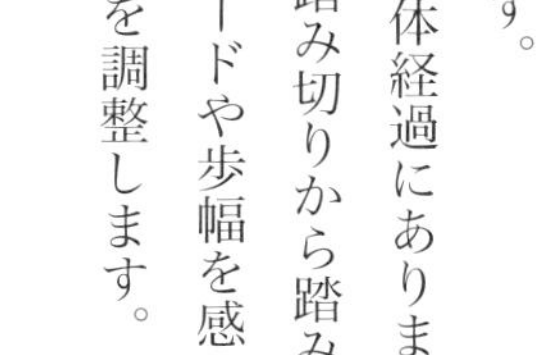
②

③踏切板に近づくと、予備踏み切りでの前方への踏み込みと、両足踏み切りの感じをすでに走りのなかに呼び込み（予感）、だいじょうぶだと確信をもって（直感）予備踏み切りを行います。そのとき、視線は跳び箱上に移っています。もし踏み切りの足が合わないと感じる（直感）と、歩幅やスピードを調整し、なんとか踏切板上に足が合うようにします。ここでは、遠近体感能力（私の身体を絶対ゼロ点として踏切板までの遠い、近いを感じ取る能力）が重要な働きをします。

④踏切板上では、両足踏み切りでジャンプするのですが、このジャンプは、力動感をもってはっきりと感じ取る（直感）ことができます。このジャンプのなかには、次の前上方への跳びあがり方向、手を着く場所、さらに、腰を引きあげながら足を開くタイミングなどをすでに先読み（予感）しています。もし、ジャンプが強すぎると感じた（直感）ときは、前のめりにならないように、手の着く場所や突き放しなどを調整します。逆に弱いジャンプでは、手で掻くようにして跳び越すための動きを即興的につくり出します。このことは、踏み切りのジャンプ中に、未来におこる状態を体感能力の端的把握能力（今の動きかたがうまくいったとか間違ったかを瞬時につかむ能力）が働いていて、着地までの動きをなんとか調和化させようとします。

⑤踏み切り後の空中に跳びあがるときには、手を着く場所を目で確認すると同時に、手を着くときの力を入れる感じと突き放しのタイミングの感じなどをすで

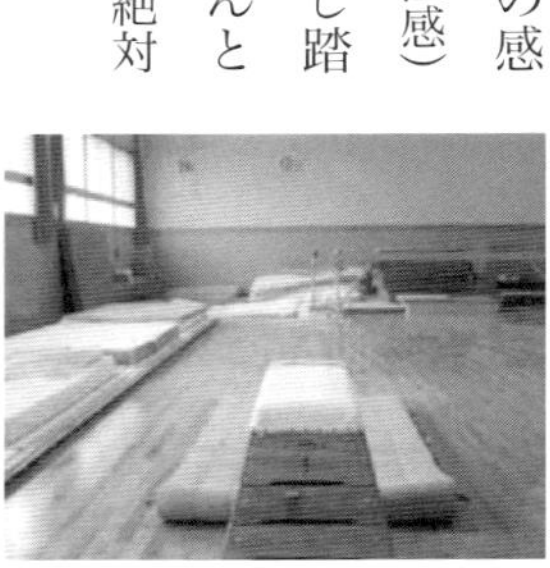
③

④

⑤

に先読み（予感）しています。さらに、跳び箱を跳び越して着地までの感じも先読み（予感）しています。この跳びあがりの方向やその体勢などを感じ取る（直感）ことで、手の突き放しをどうするかを決めます。もし、手の突き放しだけでは修正ができないとき、着地までにどんな体勢をとることができるかの先読み（予感）も行います。

⑥着手の直前には、着地までの動きを先読み（予感）しながら手の突き放しを行いますが、着手直前の体勢によっては端的把握能力が働きます。それは強く突き放すのか、手で掻くようにするのかを着手のときにはすでに決めています。この着手が予定どおりうまくできた（直感）ときには、着地までの空間姿勢も先読みしています。しかし、うまくいかなかったときは、着地のしかたを変更しなければなりません。そのとき、即興能力（変化に対応する能力）がないと、危険な着地になってしまいます。

⑦着手後の着地までの空間では、体感能力のゼロ点体感能力によって、足の引き寄せや上体の体勢など空間での位置関係を端的把握します。上体が前のめりになっているか、足が着地のために十分に引き寄せられているかを感じ取ります。そして、どこに着地をするか、遠近感覚能力で着地場所の位置を先読みします。

⑧着地は、着地の瞬間に体感能力のゼロ点体感能力（身体の傾き）や遠近体感能力によって着地がうまくいったかどうかを直感し、着地体勢をつくります。

⑥

⑦

⑧

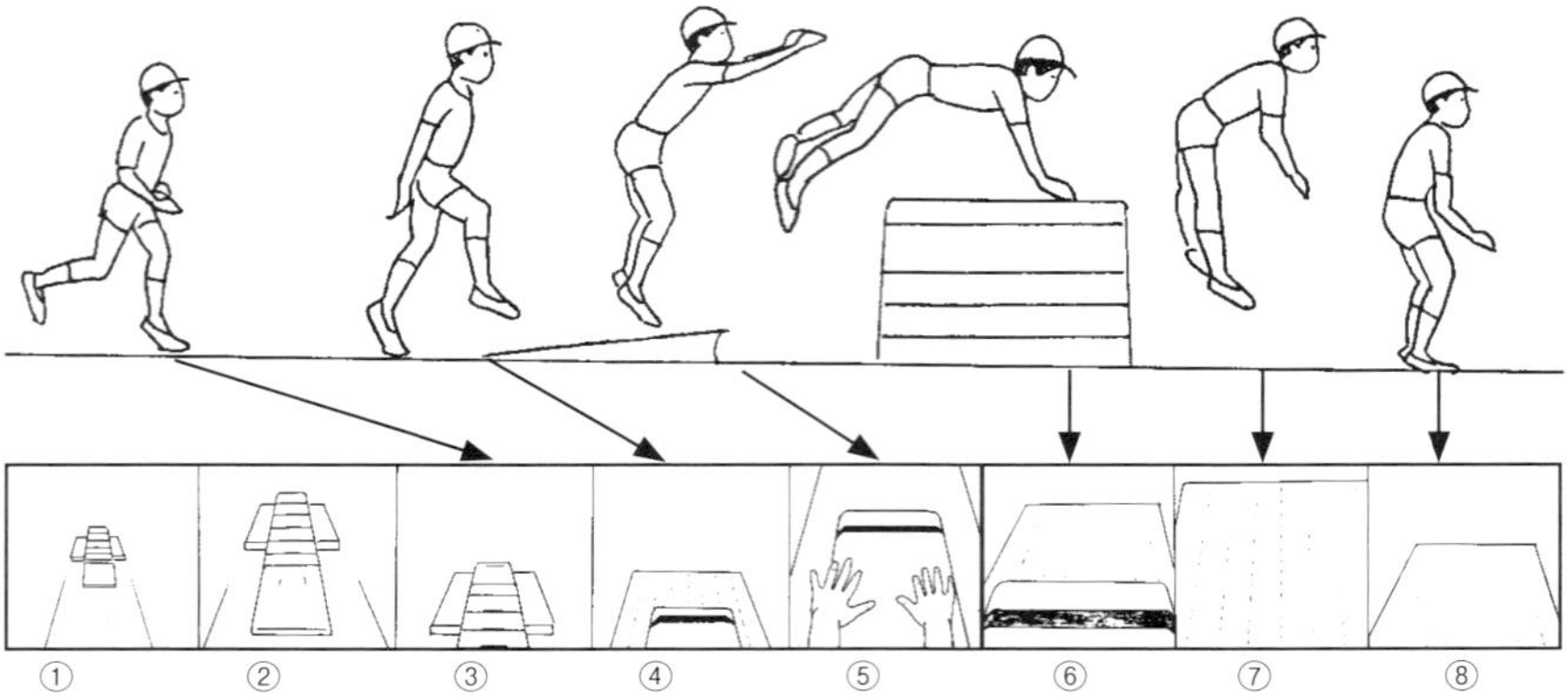

図８　開脚跳びの運動感覚意識

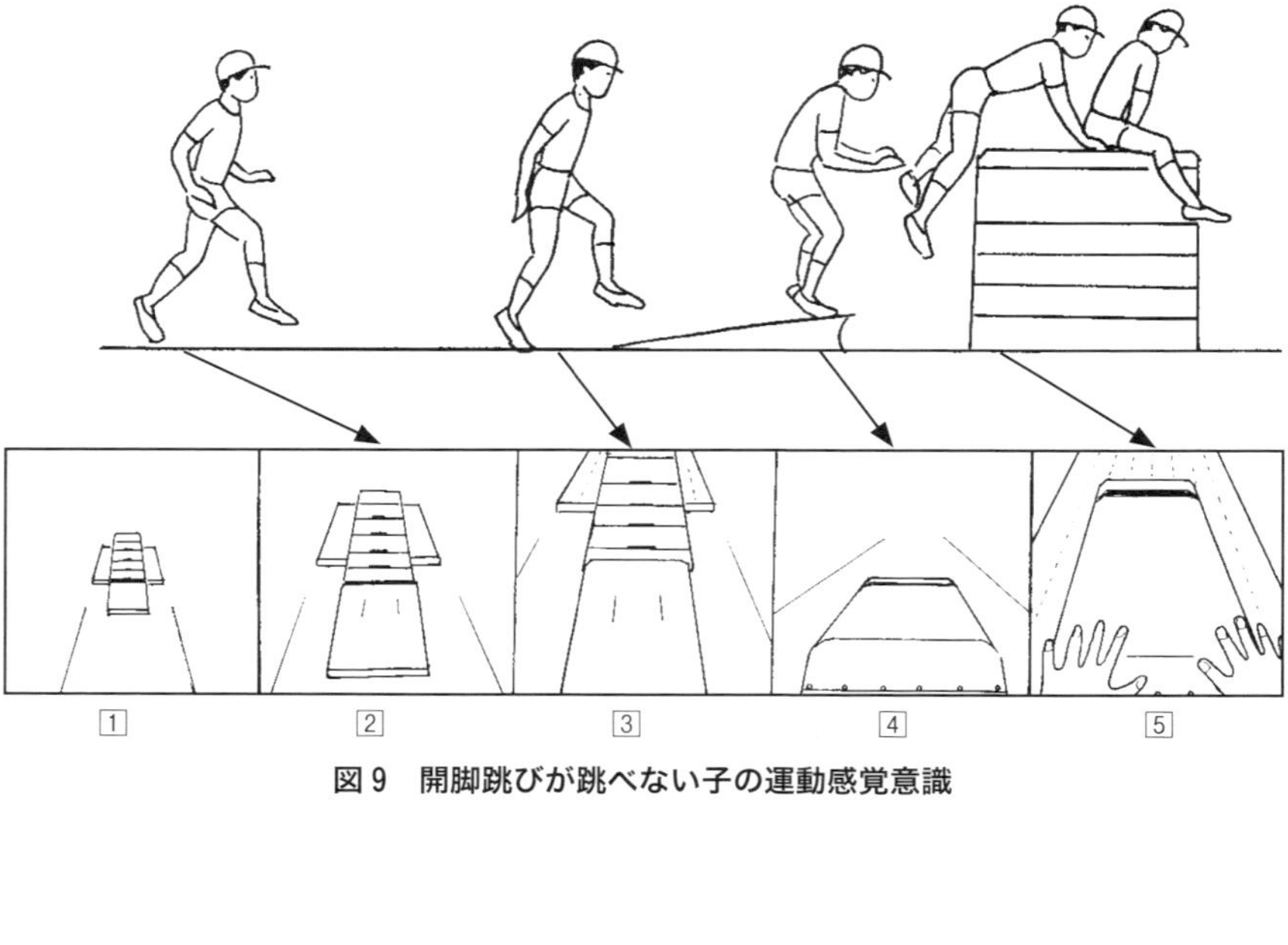

図９　開脚跳びが跳べない子の運動感覚意識

それでは、開脚跳びが跳べない子どもは、どのような感じで跳ぼうとしているのでしょうか。

[1] 視覚的には、跳べる子どもと助走位置が同じであれば、跳び箱も同じように見えているはずです。しかし、跳べない子どもは跳び箱が「なじみの地平」にありませんから、遠くに見えたり、高く見えたりします。または、跳べる感じがしませんから、1歩を踏み出す決断ができません。

[2] 助走をはじめても踏み切りがどうしてよいかわからない子どもは、踏切板を見て走り出します。なんとか走ることで、跳ぶことへの意欲があることを見せようとします。

[3] 踏切板の手前まできても予備踏み切りの感じがわからない子どもは、どんな感じで踏切板の上に両足を置けばよいかわからず、踏切板の手前で止まってしまいます。踏み切り後の跳びかたがわからないわけですから、視線は踏切板上で固定され、次の先読みのための着手位置へ視線はいきません。

[4] 踏切板上で止まってしまい、跳び箱に手を着くだけの子どもは、踏切板上でジャンプする感じがつかめませんから、跳び箱がとても高く感じます。ジャンプするとどうなるかわからないため、腰を落としてブレーキをかけますから、跳び箱がとても高く感じます。

[1]

[2]

[3]

[5]跳び箱の上に手を着き、上に乗って止まってしまう子どもは、上体を前に乗り出すことができず、跳び箱が長く感じ、手を着くところも遠くに感じます。そして、跳び越す感じがなかなかつかめませんから、ジャンプしてとりあえず手を着いて跳び箱の上に乗ります。もし、思い切って跳んだとしてもお尻を打つか、跳び箱に腰が引っかかって前のめりになって落ちそうになるので、安全をたしかめるように跳び乗ります。

このように、子どもの運動感覚意識に共感して運動をとらえなおすと、外から見た動きの欠点とはまったく違った跳べない動きの意味が現れてきます。跳べない子どもの運動感覚意識に共感することで、なぜ跳べないのか、ビデオなどで外から分析して欠点を修正する指導とは違った指導ができるようになります。

このことは、他の運動を指導するときにもすべてあてはまります。上手な指導者は、これまでの経験から子どもの運動感覚意識を読み取って、子どもにわかりやすい指導をしているのです。

[4]

[5]

12　跳べない子どもの指導

テクニカル・ポイントだけを示しても、開脚跳びが跳べない子どもの指導がむずかしいとなると、組み合わせ局面の動きの感じをわかりやすくしたり、ぶつけたり、落ちてもだいじょうぶな方法を子どもに示し、何回でも挑戦できるようにしてやる必要ができてきます。それによって、子どもが自ら積極的に身体を動かすことになり、今わからなかった動きの感じをつかむことができるようになっていきます。

まず、組み合わせ局面をわかりやすくする方法として、助走や予備踏み切り局面をなくして、図10のように、階段状の跳び箱で台上からの支持跳び越し下りに挑戦させます。跳び箱を短いものにすれば、馬跳びと同じ感覚で行えます。その前段階の練習として、跳び箱の1段だけを縦に数台つなげて並べ、ウサギ跳びの要領で手を着きながら開脚で前に移動して跳ぶ練習をしておくとスムーズに行えるようになります。

次に、図11のように、重ねたマットの上に跳び箱の1段を乗せます。はじめは、跳び箱の長さが跳び越せなくても、跳び箱の上に手を着いて跳び箱をまたぐように跳び箱の横に着地します。これですと、お尻を打つ心配がありませんから、何回

図10 階段状の跳び箱で支持跳び越し下り

図11 マットの上に跳び箱を乗せての練習

も練習することができ、足が跳び箱の前に出るようになると「跳び越すことができそうだ」という自信がもてるようになってきます。それによって、助走から踏み切りの感じ、手をどれくらい前に着けばよいのかなど、助走から踏み切り、着手までの跳ぶ感じをはっきりとつかむことができるようになります。

子どもがこれらの２つの動きの感じを助走から着地まで、ひとつの流れの動きとして統覚（動きの感じを身体のなかでひとつのまとまりにする）することによって、「跳べそうな気がする」として開脚跳びに挑戦することができるようになるのです。

動きの指導で「何を」「どのように」教えるかは、動きの構造（かたち）と覚えようとしている子どもの動きの感じやその悩みとの関係で導き出されてきます。ですから、指導のための考えかた（運動理論）に、共通のものがあるとしても、跳べない子どもの指導方法はいろいろな方法が考えられます。大切なことは、指導したい動きを、いかに子どもの動きの形成位相に合わせて、動きの感じをつかませるかということです。

そのためには、動きのアナロゴン（感覚的に類似した動きかた）を、いつ、どのようにして経験させればよいかが問題になってきます。次は、動きの力動性について考えてみましょう。

4 動きの力動性について考える

1　動きが上手にできないということ

動きには、上手・下手があります。それは、他人が見てもわかりますし、実際にやっている子どもも動きのなかでそのことを感じるものです。それでは、上手にできないということはどういうことでしょうか。局面構造の観点から見ても、身体の動かしかたの不十分さを指摘することができます。それは、空間的にどのような動きのかたち（図式）をつくり出していくのか、そのためにどんな体勢で手や足を、どの状態から、どの方向に動かせばよいのかなど、動きの図形的軌跡内容が問題になってきます。そしてそれらは、視覚によって見分けることができるので、「腕を伸ばす」とか、「足を大きく振りあげる」などのように動きに修正を加えることになります。

子どもは、自分の動きがどのような状態になっているのか、よくわからないままで行っていることがあります。そんなとき、ビデオなどで自分の姿を見ると、頭のなかで描いていた動きのイメージと実際の自分の動きとの違いに気づきます。その違いを教師が言葉で説明してもよいのですが、「百聞は一見にしか

まず、モデルとなる子どもの動きをよく観察してまねる

ず」で、本人に自分の姿を見せるのがもっとも効果的です。すなわち、自分の運動を外からビデオなどで観察することによって、自分の動きの問題点を知るのです。当然のことながら、動きを観察するということは、その動きに対して明確な観察すべき視点をもっていなければなりません。

授業では、運動を教えるためにビデオ教材や動きの図解、子どもの示範などをもちいます。そのとき、ビデオなどで見せる動きは、一般的にはモデルとなる他人の動きを示すわけですから、子どもは他者の動きを見る「他者観察」をするということになります。それによって、どんな運動かを「知る」ことができるのです。しかし、「知る」ことと自分で「できる」ことは別ですから、まずそのような動きかたを「まねる」ことで動きのかたちを覚えようとします。

問題は、子どもに運動の視覚情報だけを与えれば、「まねる」ことができると思い込み、それによって運動学習が成立すると考えていることです。しかし、子どもはいくらまねて動いているつもりでも、動きの感じや動きかたに勘違いをしていることがあります。子どもにとっては、「そのとおりにやっているつもり」が、他人から見ると「そうでない動き」になっているのです。ビデオで自分の動きを見ることは、外から自分の動きを観察することになり、そこにある問題点を気づかせるにはとてもよい方法になります。

とくに、採点を競技特性とする体操競技やフィギュアスケートなどでは、自分の動きの感じが採点者や観客にどのように見えるのかが問題になり、それによって動きのかたちの修正をしなければならないことがあります。しかし、動きかたの間違いに気がついたとしても、それがすぐに修正でき、動きが上手になるかといえば、そうならないのが動きの学習のむずかしいところです。

動きかたの違いがわかって、運動を修正しようと思っても、いつどんな感じで、どこに力を入れ、どんなタイミングで行うかの運動感覚意識が働かなければなりません。そこで、動きの力動感としてのリズム化能力が大きな役割を果たします。すなわち、動きが上手にできるには、動きのリズム化能力が大きく関係しているので、運動学習ではこのリズム化能力を育てる学習や指導が必要になってきます。

2 動きのリズム化とは何か

マイネルは、〈動きのリズム〉について次のように述べています。「動きのリズムというと、音楽リズムを頭に思い浮かべ、運動リズムとの間に密接な関係があるように思うが、それは体操のリズムのように音楽のリズムに合わせて行われる場合のことであり、両者は同一のものではない。動きのリズムをとらえようとするなら、音楽ではなく運動そのものを基礎にして出発しなければならない」としています。さらに、「リズムの語源をギリシャ語のrheein（流れる）から派生したものであるとして、流れるような動きには、一定の分節をもって動きのなかで交互に現れる力の経過が見られるので、動きのリズムを動きの力動的分節と表すことができ、どんな運動でもその運動特有のリズムを示すものである」と述べています。

たとえば、ハードル走と50メートル走では走のリズムが違うように、クロールにはクロールのリズム、平泳ぎには平泳ぎのリズムが特徴的に現れてきます。また、なわとびも跳びかたによってはいろいろなリズムがあります。馬跳びも開脚跳びと同じ動きの構造をもっていますが、踏み切りから着手までに空中局面をもつともたないとでは、動き全体のリズムに違いが見られます。

このことから、動きのリズムは、動きの力動構造として、ひとつの運動を特徴づける基盤となるのです。そこには、力動的な力の入れ、抜きの周期的交替が行われ、運動感覚意識としては、一定のリズムで動くとか、どんな間合いで力を入れるか、どのタイミングに合わせるかなどが問題になります。しかし、力の入れと抜きは急に入れ替わるのではなく、時間ゲシュタルト（流れゆく動きのかたちのなかに運動メロディーもつ）の移り変わりの連続性として動きのリズムを理解してください。その意味では、動きの流動性と密接な関係にあります。

クロールで身体に力を入れっぱなしで、バタ足や手のストロークを行ってもうまく泳げません。このことは、循環運動だけではなく、非循環運動のボール投げなどでも、最初（準備局面）から終わり（終末局面）まで身体を緊張させていたのでは、ボールを遠くに投げることはできません。そこで、運動課題にもっとも適合したリズムを生み出すためにも、力の入れや抜き、さらに伝動性を意識して流れるように動きかたをリズム化していく能力が必要になるのです。

実際にうまくできる動きは、力を入れる感じをあらかじめ予感して準備（予感的先取り）しておき、それによってタイミングよく力を入れています。また、動きを直感的に再認化したり、情況的な先読みをして動き全体の力動的修正をしたりします。ボールゲームで、敵を抜き去ったりするのもリズム化能力ということになります。たとえば、バスケットボールのドリブルでは、ディフェンスの動きに応じてドリブルのリズムを変えたりします。

動きを上手に行うためには、動きのリズム化能力が大きく影響しているのです。実際の子どもの動きを見ると、身体の動かしかたと力の入れかたとがうまく合っていない子どもがいます。また、はじめて覚えたような運動の場合、力の入れかたがぎくしゃくしていたり、余分な力を入れすぎたり、必要なところで十分に力が入らなかったりするものです。このような場合、「リズムがない」といってしまいますが、リズムがまったくないのではなく、リズム化が不完全な状態でその運動課題にまだよく適合していないだけなのです。

リズム化していくためには、動きのなかで力を入れたり、抜いたりする感じがわかるようにしなければなりません。それによって、動きかたが流れるようにスムーズになり、上手にできるようになっていきます。

動きをリズム化できるということは、動きを覚えて、さらにそれを上手にしていくことと同じと考えてよいでしょう。それでは、動きのリズム化の指導について考えてみましょう。

3　動きの基本リズムを大切にすること

どんな運動でも、あるまとまりをもつ動きには、その動き固有のリズムというものをもっています。たとえ循環運動の動きであったとしても、走るリズム、泳ぐリズム、なわとびのリズムなど、そこにも異なる動きのリズムを感じ取ることができます。非循環運動でも、ボールを投げるリズム、蹴るリズム、回転をするリズムなど、それぞれ固有の動きのリズムが生み出されます。この固有の動きのリズムをよく観察すると、それぞれに動きの基本リズムというものがあることがわかります。

動きをリズム化させる指導では、この基本リズムをどのように覚えさせるかがまず問題になってくるのです。リズムは、映画のフィルムのように動きをコマ切れにしては覚えることができません。むしろ、まとまりをもつ動きの基本リズムを「一気に全体として」覚えることになりますから、動きの課題をやさしくしてもその動きの基本リズムを覚える必要があります。

よく一般的にいわれる「基本的な動きが大切だ」というのは、動きにはその基本リズムがあるからです。たんに「できる」「できない」だけではなく、その動きの基本リズムを同時に覚えることで、「基礎ができている」ということになります。この基本リズムを覚えることで、むだな動きがなく、あまり力を使わずに行えるようになります。さらに、動きを連続したり、他の動きを覚えるときにもこの動きの基本リズムをもとに行うことができるようになります。

前転を例に考えてみましょう。前転にも基本リズムがあります。いくら坂マットで前転しても、前転の基本リズムは身につきません。それは、図12のように坂でボールが転がるのと同じだからです。前転のリズムは、背中を丸くしてスムーズに転がることと、起きあがるときに体の起こしと膝のかかえ込みをタイミングよく行うことでつくり出されます。子どものなかには、転がることができても、なかなかうまく起きあがれない子どもがいます。それは前転の基本リズムがよくわからないからです。

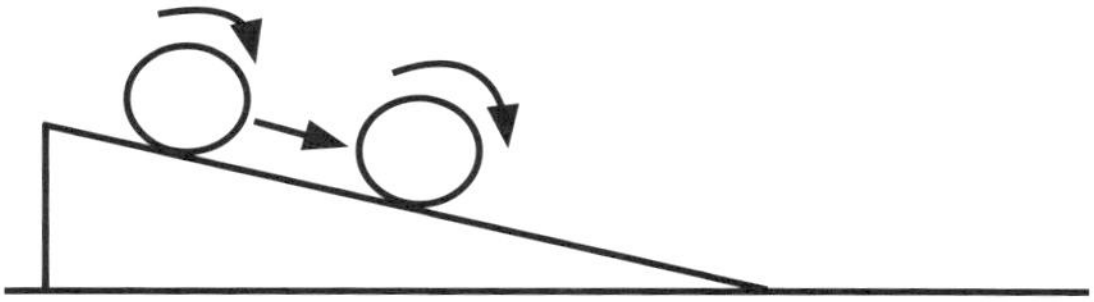

図12　坂マットでの回転

図13　坂を登るような前転

そこで図13のように、逆に坂を登るような前転を行います。回転するために、上体の起こしや下腿の引きつけなどに強い努力感が求められますので、何回か挑戦しているうちに、力をどのタイミングで入れればよいか少しずつわかってきます。そこで、平らなマットで前転をすると、その基本リズムをはっきりと意識できるようになります。この基本リズムが、開脚前転や伸膝前転では伝動化能力（起きあがりのエネルギーをつくり出す）として生かされてきます。前転から開脚前転がすぐにできる子どもは、その基本リズムがしっかりと身についているからです。伝動化能力とは、ある動きかたのなかで、力強く動かした部位を鋭くブレーキかけることで、その勢いを次に移すことのできる能力のことです。

また、なわとびを連続するとき、足首や膝の使いかたがリズム化できると、そこには弾性化能力も見られ、次のジャンプのためにバネが仕込まれているかのような動きを生み出していきます。そのときの運動感覚意識は、「身体が軽く楽に跳べる」という状態になります。

このようなことから考えると、低学年での「基本の運動」は、いろいろな課題をもった動きに挑戦しますが、そこで動きの基本リズムをしっかり身につけておくことは、高学年で学習するいろいろな技能のリズム化に結びつくことになっていきます。

また、動きを系統的に学習する場合も、動きの基本リズムに着目して指導することが大切になります。たとえば、ウサギ跳びのリズムは、開脚跳びやかかえ込み跳びを跳ぶときのリズム化に生かされていくのです。

４　動きのリズム化能力を育てる

リズム化能力は、私がリズミカルに動けるかどうかという能力であり、それは私の動きかたを修正するときのチェック・ポイントのひとつになります。さらに、他者の動きに対して、私がどのように対応するかの修正をチェックすることもできる能力になりますから、意図的にそのような場面をつくり出してリズム化能力を育てることになります。

それは、ボールゲームなどで、運動感覚交信（動きの感じをお互いに感じ合う）によって、味方の動きに対して私の動きかたのリズムを合わせることのできる能力です。さらに、敵に対しては相手の運動感覚意識のなかに潜入して、敵の動きを予感的に先読みしながら、私の動きのリズムを修正することができる能力で、ディフェンスやフェイントなどで即興的に応じる動きかたをつくり出すのも、このリズム化能力が必要になります。

リズム化能力は、自分でリズム化した動きを体験するだけではなく、言葉を使ってそれを意識的にとらえることができます。たとえば、「ここでパッと足を開く」「グーンと上体を回す」「タ・ダーンと踏み切る」など言葉で表すことができます。

それによって、自分の動きのリズム化をはっきりと再認化することができ、それを動きのなかに定着させることができるようになります。それはまた、リズム化した動きを他の人にも言葉を使ったり、動きのリズムを強調的に示して、意識的に働きかけて伝えたりすることもできるようになります。教師が、自分の運動経験から動きのリズム化を意識することができれば、それをもとに子どもの動きをリズム化していく指導法もいろいろと考え出すことができます。

たとえば、動きの力動的（リズム）アナロゴン（類似している動きかた）をいろいろと経験させたり、場を工夫することで力の入れかたがわかるようにし、それをリズム化していくことを意識できるようにします。

また、教師のかけ声などで、リズム化していくタイミングを知らせることもできます。そのとき、リズム化することを伝えるために、子どもと一緒に動いたりして動きのリズム化を同時体験させたり、また、追体験させたりして子どもが運動共感できるようにする指導も大切になります。

5　グループ・リズムによる指導

動きのリズム化は、音楽リズムと同じように強い伝染性の作用があります。私たちがスポーツを見ているとき、その躍動感に引きずり込まれていくのを感じることがあります。とくに、それが自分の身体で知っている動きであれば、選手と一緒になって身体を動かしていることもしばしばです。このようなことを「運動共感」といいます。

この運動共感能力は、子どもが動きを覚えるためや指導のもっとも基本的な能力になります。教師は、子どもがこの運動共感を呼びおこすような指導を工夫しなければなりません。子どもは、見た動きの力動感を実際にやっているように自分で感じ取ることで動きを覚えようとします。

動きのリズム化を共感していく学習は、その伝染性を利用してグループ・リズムの指導などに使われています。たとえば、長なわとびで数人が同時に跳ぶ場合、はじめは跳ぶタイミングがずれるのですが、そのうち全員がきれいにそろって跳ぶことができるようになります。また、集団マットなどで、みんなの回転がそろうようになると、そこには動きの一体感としてリズム化を共有する楽しさが感じ取れるようになります。

動きのリズム化は、音楽に合わせることばかりを考えがちになりますが、むしろ身体の内側から湧きおこる躍動感が動きをリズム化させていくことになり、いろいろな身体表現にもむすびついていきます。それによって、ほんとうの心地よさや上手にできた喜びへとつながっていくのです。

5 子どもの運動発達について考える

1 なぜ個に応じた指導が必要か

子どもに、「どうして走れるようになったの」と質問しますと、たぶん「いつのまにか走れるようになった」と答えるでしょう。子どもが身につけている日常的な動きは、親や周りの人びとと生活するなかで「いつのまにか」覚えてきたものです。また、環境に対して積極的に働きかけることで、いろいろな走りかたも身につけてきたのです。

それは意識的、無意識的であったとしても、子どもの行為として「自分で動く」ことで発達させてきたのです。しかし、この「いつのまにか」の意味を生得的に運動が身につくものと考えてしまうことが、「運動の上手、下手は生まれつき」といったような思い込みをつくり出しているのです。

子どもが小学校に入学するころには、ずいぶんといろいろな運動ができるようになってきています。とくに、動きの基本形態は、未熟さや過剰と思えるような余分な動きが残るとしても、大人の動きとほとんど変わらない状態まで発達しているものです。

しかし、１人ひとりの子どもの動きを見ますと、その発達状態にもずいぶんと個人差があります。低学年の子どもでは、走りかたやボールの投げかたなどにも、その発達の違いを見ることができます。個に応じた指導というのは、このような子どもの運動発達に合わせていかに指導するかということになります。運動指導で大切なことは、子どもの運動発達の状態をまずよく知ることです。それによって、どんな指導や課題を与えればよいかがわかってきます。そのためにも教師は、子どもが運動をどのように発達させて身につけたのかを理解しておく必要があります。ここでは、子どもの運動発達について考えてみます。

２　人間の赤ちゃんの未熟さ

生物学者のポルトマンは、「人間の新生児は他の動物にくらべると、あらゆる面がまだ未熟なままで、いわゆる、生理的早産の状態にある」といいます。それは、誕生後も長期にわたって発達するための期間がいることと、同時に親の育成や保護が必要になってくることも意味しています。

赤ちゃんが協調的に行える運動といえば、泣くことと吸うことぐらいです。泣くという運動は、空腹とか身体の違和感といった内的条件によって自発的におこるものです。また、吸うという運動も栄養摂取を保障するもので、赤ちゃんが生きていくために欠くことのできない運動になります。その他には、原始反射と呼ばれるいろいろな反射運動が見られます。運動発達の関係からは追視、把握、自動歩行（図14）、立ち直り反射などをあげることができます。

この原始反射の特徴は、生物的リズムといわれる一定のリズムをもち、赤ちゃんの運動の大部分を占め

図 14　赤ちゃんの自動歩行

ています。しかし、このリズムは赤ちゃんが成長する過程でいったんくずれ、それに代わって環境に適応した随意運動が徐々に現れてきます。言い換えますと、原始反射は随意運動に席をゆずるかのように消えていくのです。その例として、たとえば、手に握ったおもちゃを持ち替えるためには、いったん握りをゆるめなくてはなりません。把握反射があったのでは、握った手をゆるめることができないことからもそれがわかります。

このような赤ちゃんの未熟さは、変化していく環境の諸条件に適応する随意運動の能力を少しずつ獲得することで十分に埋め合わされていきます。

この環境に適応していく能力は、大脳皮質の機能と結びついていますので、大脳皮質の活動がとくに運動系の発達には重要な役割を果たすことになります。それは、赤ちゃんが環境と積極的なかかわりをもつことによって、大脳皮質もどんどん発達し、分化していきます。そしてまた、脳の発達が動きをどんどん正確に、より環境に適したものへと発達させていきます。脳と運動は、相互作用によって人間としての機能が発達していくのです。

赤ちゃんの未熟さは、もうひとつ人間にとって大きな意味をもっています。それは、動物の運動が遺伝によって生得的に規定されているのに対し、人間は生得的な運動（原始反射）から早い時期に解放されることです。それによって子どもは、人間固有の立つ、歩く、つかむなどの多様な動きの基本形態を習得することができるようになるのです。それは、人間の大脳皮質の可塑性が環境に対する適応と学習の可能性をもっているということであり、人間の運動は「世界に開かれている」ことを意味しています。

この「世界に開かれている」ということは、人間は動物とくらべれば個々の基本能力は劣るにしても、動物をはるかにしのぐ多様な動きの財産をもつことができた事実からもわかります。さらに、スポーツなどに見られる新しい動きをつくり出すことやそれを発展させていくことは、これからもその可能性がまだまだ残されているということです。

では、マイネルの『スポーツ運動学』を参考にして子どもの運動発達を見てみましょう。

3　幼児期に形成される運動感覚能力

1歳から5歳児くらいまでは、急速に多様な動きのかたちを獲得する時期です。子どもは適度な運動刺激と豊かな環境のなかで成長しますが、そこには、保護者や指導者によって運動衝動や活動衝動を適切に導かれることが前提になってきます。子どもは直立歩行と言語を覚えることができると、それによって子どもの「探索」活動は、空間的にも行動半径を広げ、いろいろな対象物へと向かっていきます。それによって、歩き、よじ登り、走り、跳び、転がり、押し引き、ぶら下がり、投げ捕らえることなどの基本形態を身につけることができるのです。

この時期の特徴として、ゼロ歳児ほど明確ではありませんが、運動発達の順序性が見られます。走ることは歩く前にできませんし、跳び越すことは走る前にマスターされません。

その次に見られる特徴的なことは、個々の技能が「並列性」と「同時性」をもって覚えていき、さらに高まっていくことです。子どもは、歩くことと一緒によじ登ることや運ぶことなどを覚えるように、いろいろな運動を並列的に覚えたり、ふたつの運動を同時に覚えていきます。それによって最後には、走と跳、捕と投といった基本形態の組み合わせができるようになるのです。

このような動きの基本形態の発達は、子どもの強い運動衝動と活動衝動によって支えられ、多くは遊びのなかで形成されていきます。運動学習の基礎になる運動感覚能力は、こういった遊びのなかで高められていくのです。

また、子どもは短い時間しか集中力がつづかないのも特徴です。注意はつねに新しいものに向けられ、ひとつの運動を長く行うことは珍しいことです。このことが、身体的にも精神的にも疲れを生じさせないで、技能面においてはこの時期に多様な動きを一緒に覚えていくことができるのです。

1人ひとりの発達の状態というものは、動きの基本形態をどれくらい覚えているかによって、また、どのような指導を受けたかによって左右されますが、もっとも大切な役割を果たすのが、成功体験による動きを身体化することにあります。子どもは、いろいろと試みるなかから成功した動きかたを選び出し、何回もくり返すことで身につけていきます。それによって、もっともよい動きかたを覚え、その運動経験を運動感覚（キネステーゼ）能力として保存していくことになります。それによって、それをいつでも情況に応じて「私はそのような感じで動くことができる」という運動感覚意識を浮かびあがらせることができるようになります。マイネルは、このことを「運動記憶」といいます。

この運動感覚能力（私はそのように動くことができる）が言葉と結びつきますと、動きを思考的にとらえられるようになり、言葉による指導も可能になってきます。この時期は、体育やスポーツでの基本的な運動学習の準備になるものですから、よく幼児期の運動遊びやいろいろな運動経験の大切さが主張されるのです。

4　動くことが好きな子どもたち

入学間近な子どもの動きは、調和的で流動的でバランスがよくとれて、かなり高い発達状態に達しています。しかし、まだ動きには不確かさが残っているものです。

この時期においては、目標をもち、目標に沿った動きかたへとしだいに発達させていきます。それによって、質的にもよりスムーズな動きかたへと発達させることができるようになります。ボール投げでも、遠投や正確投などがその投げかたの課題に、より合った動きかたへとなってきます。

しかし、このような発達は、比較的ゆっくりしたテンポで進みます。それは、この年齢の特徴でもあるどんなことでも珍しいものには興味を抱き、すぐに運動に置き換えてしまう動くことが好きな子どもの「活発性」と、一方、気が散りやすく長く集中できないといったことなどが関係しています。それだけに、体育によって学習活動のしかたや教師の説明で動きを理解し、指示にしたがって動きかたをコントロールできる力を養うことが大切になってきます。

もうひとつの特徴は、1、2年生ではまだ余分な動きをともなった「運動浪費」が見られることです。たとえば、ボールを蹴るとき、手まで力が入ってしまう随伴動作などがまだ残っているものです。とくに、むずかしい課題や強い抵抗をもった運動を行うときに、この随伴動作は現れてきます。3年生ぐらいになると、動きのなかに節約性や目標指向性がはっきりと見られるようになり、省力的な動きへと変化していきます。

このような特徴をもつ低学年では、適切な運動指導によって、以前より集中力が持続し、目標に対してより正確な動きかたと力の入れかたなど、すなわち、課題を解決するための「コツ」がつかめるようになってくるのです。

5 高学年は運動の最適学習期

マイネルは、「この時期を人間の運動発達のなかでも最高潮を示す運動の最適学習期である」として、いくつかの特徴をあげています。

動きは意識的にコントロールされ、安定してどんどんうまくできるようになっていきます。たとえば、子どもの全身的巧みさと部分的巧みさが向上することで、ボールの操作やなわとびなどは大人をしのぐことさえあります。また、動きに対してスピードや筋力が高まることで、走ることや器械運動などにうまく使われるようになります。そして、この年齢では運動に対して上手になりたい、勝ちたいなどの達成要求

遊具を使って高い場所への登り下りの運動感覚能力が育つ

や自己顕示欲が強くなりますので、技能やゲームなどで明確な目標を要求することもできます。

さらに特徴的なことは、動きかた自体に質的な向上がはっきりと見られることです。多くの組み合わせにも、目的にあった融合局面が現れ、力の入れかたやその動きのリズムがはっきりと感じ取れるようになってきます。それによって子どもは、新しい動きかたに対してもリズム化させることをすばやくつかみ、動きを共感する能力も獲得できるようになります。また、自分や他人の動きを先取りしたり、ボールなどの先取りもできるようになってきます。

このことから、もうひとつの大きな特徴が見られます。それは、新しい運動でもすばやく覚え、いろいろな条件に対してもすぐに適応してしまう「即座の習得」という特徴を備えることです。大人は運動を頭で考えようとしますが、子どもは見た運動に対してすぐに共感し、動きを一気にまるごと覚えてしまいます。

このような「即座の習得」は、すべての子どもにあてはまるものではありません。それは、豊かな運動経験と見た運動に共感する能力が発達している子どもにかぎられてきます。この年齢でも、運動経験によっては、相当の個人差が見られるものです。

この最適学習期での個人差というものは、多くの子どもにとって環境や運動課題が豊かな技能を保障するのに対して、運動経験の少ない子どもでは、それが抑止作用として働き、動きを制限させてしまうことがあります。たとえば、泳げる子どもにとって水は楽しいものです。しかし、泳げない子どもには、水という環境が動きを制限してしまい、動けない状態になってしまいます。

遊びには即興的な動きが求められる

運動発達は、たんなる身体的な機能の発達だけを問題にするのではありません。人間の環境に対する行動形式として、目標を遂行するための行為として、運動発達とともに、いかに「動ける身体」をもつかということは、人間が生きていくためにもっとも大切な能力になります。

運動発達に遊びや運動学習が大きく影響を与えることを考えますと、体育が子どもの生涯スポーツをより豊かなものにするためにも、子どもの運動発達にかかわっての運動学習のありかたを体育でもう一度よく検討する必要があります。人間の運動発達に応じた「動ける身体」の財産なくしては、生涯スポーツは名ばかりのものになってしまいます。

6 運動学習の意欲について考える

1　体育で求められる意欲

子どもたちにとって体育は、もっとも好きな授業のひとつです。この時期の子どもは、運動やスポーツの楽しさを理屈ではなく、まずやってみて身体を動かすことが楽しいと感じるようです。体育での第１のねらいは、運動の楽しさを味わわせることにありますが、子どもに好きなように運動をさせておけばよいというわけにはいきません。

体育では「運動の楽しさを味わうこと」と「運動の楽しさの学びかた」を目標に、できるだけ子ども自身が個人に合った楽しみかたを見つけ、そこに生じる課題を自分の力で解決することができる能力を育てようとします。

このような自己目的的な課題解決学習でもっとも大切な力として、運動に対する意欲があげられます。意欲とは、ある意味で子どもの運動に対する願いですから、子どもから見た運動の特性、すなわち、子どもにとってどんな楽しみや魅力を求めて学習したいのかを教師がしっかりと把握しておく必要があります。

「いろいろなことに挑戦してできるようになりたい」「もっと上手にできるようになりたい」「友だちと仲よくして楽しみたい」「作戦を工夫して相手に勝ちたい」など、運動に対する思いや願いはいろいろあります。当然、運動をすることが嫌いだと答える子どももいます。その子には、それなりの理由があるのです。

意欲を高めるということは、子どもの思いや願いがかなえられるように、学習の方向づけをする指導ということです。とくに、体育では運動の学習を中心に授業が進められますから、運動学習の意欲については、体育科独自の問題認識が必要になります。そのためにも、新しい現象学的・人間学的運動学の運動理論が必要になってくるのです。それは、人間の運動を物体の運動と同じと考え、機械的に反復させるような運動理論ではなく、人間の主体性と自己運動を大切にした運動理論だからです。すなわち、子どもが自らの意志によって動くなかに、どんな動きかたに対して悩み、どんな動きに対して喜びを感じているのか、そこには子どもの動きのパトス的世界を問題にしながら指導することがどうしても必要になってきます。

ここでは、子どもが運動に取り組んでいくための意欲について考えてみます。

2　意欲は何によるものか

意欲についての定義は明確ではありませんが、人間の心的態度としての活動の方向づけや持続を強化する働きをもつものとされています。それは、外発的であっても内発的であっても「動機づけ」によってその効果が現れますが、とくに教育で求められる意欲は「内発的動機づけ」で、それを契機にして「自ら学ぼうとする意欲」を高めることに教育的価値がおかれます。

心理学の北尾倫彦は、意欲について次のように述べています。「意欲には、意志と欲求がふくまれるが、子どもが自分の意志によって活動をつづけられるようにするために、その意志を強化するように導くことが教育の重要な課題になってくる」としながらも、「子どもの場合、意志と欲求が複雑にからみあっており、きちんと区別してとらえることは困難である。それは、意志力そのものがまだ強固になっていないので感情によって意志の働きかけが影響を受けやすい状態にあるため、意志だけを対象に教育を行ってもうまくいかない」として、意志、欲求、感情がお互いに作用を及ぼし合って学習意欲が成り立つことを強調しています。

これは、運動の学習にもあてはまります。ある運動が「できるようになりたい」「上手になりたい」など、強い達成欲求をもつ子どもは、そのために必要な練習やトレーニングを強い意志力によって根気よくつづけることができます。すなわち、強い欲求が強固な意志によって自分に合った課題を追求し、達成しようとする状態をつくり出しているのです。部活動やスポーツ・クラブなどで活動する子どもたちには、このような意欲をもって運動やスポーツに取り組んでいる子どもの姿が見られます。

欲求は感情と結びついていますから、「できた」ときや「目標が達成できた」ときには、喜びや満足感を味わい、さらに強固な意志が形成されていきます。しかし、失敗したときや目標をもてなくなったときは、失望感を味わうと同時にバーンアウト状態におちいりやすくなります。小学生や中学生のなかには、間違った早期トレーニングや勝利至上主義によって、自分の能力に見切りをつけたり、意欲をなくしたりして、途中でやめていく子どもも少なくはありません。

とくに子どもは、このような一時的な感情に影響を受けやすい状態にあります。運動の成功体験を味わうことができるかどうか、また、目標をどの程度達成できたかどうかで、学習意欲にも影響を与えることになります。

このような感情は、心理学的な観点からの説明ですが、「できなくなる」とか、失敗をくり返すことは動きかたの問題でもありますので、動きの発生論の観点から考える必要もあります。

3 ほんとうの意欲を高めるということ

ここで、逆上がりの学習場面を考えてみましょう。

逆上がりという運動は、見ればすぐにどんな運動であるかわかるとして、あまりくわしい説明もせずに、すぐにやってみるように指示を出します。そして、教師は「もう少しがんばればできる」とか「最後まであきらめずに」などの励ましの言葉かけだけで指導をします。教師は、このような言葉かけが子どもに意欲をもたせ、強固な意志を育てることになると考えます。このような指導で、子どもが「やる気」になり、「できる」ようになればよいのですが、しかし、「できない」場合はどうすればよいのでしょうか。一生懸命に挑戦するのですが、なかなか「できない」子どもも多くいます。そのような子どもは、やろうとして自らの意志でがんばっているのですが、そこにはどんな感じで身体を動かし、どこで力を入れればよいかわからず、動きかたの「コツ」がうまくつかめなくて悩んでいるのです。この悩みを教師が理解せずに、ただ励ましの言葉かけだけによる指導をくり返したとしても、少しも動きに対する欲求や感情は湧いてこないでしょう。

その結果、もっと「やりたい」「今度はこんな感じでやってみよう」という、逆上がりに対しての意欲がなかなか高まっていきません。

このような励ましによる指導では、「できるようになった」子どもはその意欲が賞賛されます。また、「できなかった」子どもも逆上がりの学習とは関係なく、最後まで意欲的にがんばることができたとして、いちおうはその意欲に対して教育的な評価を受けます。しかし、そのような評価だけでは、子どもが「できる」ようになりたくて意欲的にがんばったことは、「やっぱり自分には無理なのだ」とあきらめに変わってしまうことになってしまいます。

このような指導で、ほんとうに自ら運動に挑戦し、課題を解決するための意欲を育てることができるといえるのでしょうか。「やる気」のみを強化して指導することは、体育やスポーツの世界ではそれほど珍しいことではありません。いまだに精神論や根性論が、根強く残っていることからもわかります。そこには、運動ができなかったり、失敗したり、ゲームに負けたりするのは、「やる気がない」からだと、子どもに責任を押しつけても、教師やコーチの指導力としての動きを見ぬく目はあまり問題にされず、つねに傍観者としての立場が許されてしまうのです。

「逆上がりが運動嫌いをつくり出している」といったことが、新聞で報道されたことがありました。それは、逆上がりが運動嫌いをつくり出しているのでなくて、運動指導のありかたが運動嫌いをつくり出しているのです。それに気がつかなければ、子どもに教え、伝えたい運動は、体育の学習内容からどんどん消えていくことにもなりかねません。

4 「なじみの地平」からの「動きの学習」

運動嫌いは、「できない」ことが原因だと考えられますが、「できなくても好き」とか、「下手の横好き」といったこともあります。そこには、「感情的に嫌な気がしない」とか、「その動きになじみがある」という運動が目の前にあり、「なじみの地平」にあるのです。

この「なじみの地平」は、形成位相の原志向位相の基盤になるもので、動きのかたちを身につけるために欠くことができないものです。ふだんは日常的な運動をするとき、あまり意識をしませんが、なんとなく「嫌な気分がしない」など、感情的に嫌がらないで、違和感もなく共生している「なじみの地平」の身体状態感があり、それは意識の下に沈んでいます。それによって、私たちは日常生活のなかで自由に動くことができるのです。

しかし、運動となじめずに「嫌な気がする」とか「動きたくない気分」になることがあります。極端な場合は、鉄棒や跳び箱と聞いただけで、お腹が痛くなって体育の時間を休む子どももいます。それは、逆上がりや開脚跳びの運動になじめずに、逃避行動に出ているのかもしれません。原因は、「落ちた」ことがあったり、友だちの目の前で「できない」姿を見せることが嫌であったりすることによります。

このような子どもに、言葉でいくら安心感をもたせようとしても、身体状態感として「なじみの地平」にないので、頭でわかっても身体では忌避してしまうのです。そうなると、まず「なじみの地平」レベルへの指導が必要となり、体ほぐしの運動の趣旨を生かす指導がここで意味をもってきます。それによって、目標となる運動に違和感なく興味・関心、意欲をもたせることができるようにします。

5　自己観察で知る動きの感じと意欲

運動の学びかたを学習させるにしても、なによりも子どもが具体的な動きかたを覚えることで運動の楽しさがわかり、それによって運動の学びかたもはじめて学習できるようになります。体育における学習意欲は、運動の「できる」ことの喜びに内発されて高まっていくと考えてよいでしょう。しかし、動きを「覚える」ことや「できる」ということは、「がんばれ」とか「もっとしっかり」などの抽象的な意欲の喚起だけでは解決できない問題があります。

動きかたを覚えるということは、頭で理解するだけでなく、また機械的に反復するだけでもありません。それは、自分の身体で試行錯誤しながらも動きかたの「コツ」をつかむことによって覚えていきます。そのためにも、子どもに自分の動きかたに対して意識を向けさせる学習が必要になってきます。この学習の特徴は、自分の身体をどのように動かせば、どんな動きになり、どんな動きかたに変わったのかを知ることであり、今ここで動いた直下の感じ（直感）を再認化する能力が求められることです。そのために、自分の動きかたについての自己観察力を育てる必要があります。

この再認化能力は、今ここで動いたなかに身体で感じたことや、コツ・カンとしてわかったことをアナロゴン（類似した動きかた）として、こんな感じで動いたと再認できる能力のことです。このコツの再認化能力が、運動を覚えるときや修正にとって大切な働きをするのです。たとえば、ふと「できた」運動をもう一度やってみようと思ったとき、先ほどはどのように動いたかわからないことがあり、またいろいろと試行錯誤します。そのとき、前に出合ったコツと似たコツにふたたび出合ったとき、「あっ、これだ」と感じ取ることができます。それによって、動きかたをはっきりと自覚し、コツを定着させることができるようになるのです。この再認化能力は、運動感覚的なものなので、どうしても自己観察によって行う必要があるのです。

6 身体との対話から生まれる意欲

自己観察をするといっても、今ここで自分が行った動きの感じをつなぎ止める能力がなければ、何も知ることができません。まだやったことのない運動は、どんな動きの感じかわかりませんから、運動感覚意識（私が動く感じの意識）は空虚で、まだ空っぽということになります。また、はじめて「できた」ような場合も、どんな動きかたをしたのかよくわからないことがあり、再認化できないことがあります。何回か行って成功体験が多くなると、コツがはっきりとつかめるようになります。このことは、動きの感じがよくわからなくて空虚であったものが、動きの感じをつかみ、運動感覚意識が満たされて充実していくことを表しています。このように、空虚であった動きの感じが充実していくことをはっきりと感じ取り、それを意識化するためにも自己観察の能力を高めておくことが必要になります。

　また、金子は、この自己観察を自分の「身体との対話」をすることだといいます。たとえば、「下手の横好きといわれても、ゴルフにのめり込んでいく人をよく見かける。その人の技能は低くても自分なりの身体との対話の世界に気づいたのであろう。そうすると、内心からこみあげてくる激しい運動衝動のために、どんなに忙しくても、プレーする時間を工面するようになる。要は、自分の身体との対話こそが、運動を覚える本質問題なのである」と説明します。また、「もし、自分の身体との対話が行われないとしたら、運動を改善する足場を失い、〈反逆の身体〉（動けない身体）に気づいたとき、対話のチャンネルが不成立では何の解決を見いだすことはできない」として、「身体との対話する能力こそが生涯スポーツにとってもっとも大切なものである」と述べています。

このように、自分の動きが変化していく様子を知ることによって、動きの感情が生み出されていくのです。たとえば、「さっきよりうまく動けた」「少しタイミングを変えて」など、「もう一度、やってみよう」と動きに対する意欲につながっていきます。

運動学習で大切なことは、教材論的にやさしい運動からむずかしい運動をプログラム的に配列して与えるだけではなく、子ども自身が「やってみたい」「やれそうだ」から、「できそうだ」「できた」、さらに「もっと上手に」と動きから感じ取れる動きの感情によって意欲を生み出すように指導することです。そのためには、今までの運動経験を生かしたり、動きのアナロゴンによる学習や、運動のあとで感じる運動感などが学習意欲にとって大切なことを教師は知っておく必要があります。

7　運動遊びの豊かさと意欲

将来のスポーツ活動の基礎になるいろいろな運動は、遊びのなかでつくり出され、それを発展させていくことによります。このような遊びのなかで動きを覚えていくために重要な働きをしているのが、動きの成功体験です。マイネルは「子どもがいろいろな動きを覚えていくのは、動きのなかから成功した動きかたを選び出し、何回もくり返し行うことで自分のコツをつかむことによる」といいます。この成功体験によるコツの再認化によって、動きの記憶が蓄積されていくのです。この動きの記憶が、次に新しく覚えようとする運動に対して、アナロゴンとして再認化する役割を果たし、動きの感じを呼び込むことができるようになります。それによって、はじめての新しい動きのかたちでも、自分の力で発生させていくことができるのです。

足の出しかたを探りながらバランスよくタイヤに乗る

子どもにとって、遊びは自然なかたちでいろいろな動きかたを身につけさせてくれる行為です。そこに運動学習の出発点があることを見逃してはならないでしょう。体育で運動がよくできる子どもは、今までの運動経験による動きの記憶を豊富にもちあわせていますから、新しい運動が提示されたとしても、動きの感じを身体のなかですぐに呼びおこし、意欲的に取り組むことができるのです。

子どもの遊びの様子は、体育の学習にとってもおおいに参考になります。たとえば、子どもは簡単にできる運動にはあまり興味を示しません。また、逆にいつまでも成功しないような運動は、くり返し行うこともしません。このことを考えれば、子どもに学習させたい運動は、学習の適時性として、たんに年齢（学年）とか体力が基準にはならないのです。

運動学習にとっては、できるだけ多くの動きを経験させたいのですが、授業時間数の削減や今日の子どもを取りまく情況から、運動をする機会が減少していることを考えればそうはいきません。そこで、子どもたちに新しい動きを覚え（発生）させるために、どんな基礎運動や予備的運動を効果的に経験させておけば、動きの「コツ」をつかませることができるかという運動学習の基本問題に立ち入らなくてはならないことになります。すなわち、人間の動きの発生にかかわっての運動指導のありかたが問題になってくるのです。

7 動きを覚えることと動きのアナロゴン

1　体育で動きを教えるということ

私たちは、日常生活のなかでの基本的な動きかた、たとえば、歩いたり、走ったり、跳んだり、あるいは、物を投げたりすることなどは、特別な練習をしなくても、幼児期のあいだに、いつのまにか「ひとりでに」できてしまうものだと考えています。しかし、このように子どもが身につけるいろいろな日常的動作でも、動物のように生まれながらにしてその種に特徴的な運動系が遺伝的に固定され、すでにプログラムされているものではありません。

人間が毎日の生活のなかで活動的に動くためには、どうしても自分の身体を動かすことになります。ふだんは意識にのぼらない「歩く」という運動でも、動物のように生得的ではなく、乳児期から幼児期にかけての毎日の反復のなかで、いろいろな情況に応じて歩くことで、自由に歩けるようになっていったのです。

しかし、ここではまだ学習という言葉は使えません。母親が教師になって動きかたを教えたとしても、それは動けるチャンスをつくり、ほめるくらいのことです。また、人間特有の運動模倣もまだ十分に発達していない状態では、いろいろな動きかたをどのように覚えていくのかはまだ謎なのです。わかっていることは、この時期に環境（人、物、自然）に応答できる機会を多くつくってやるということです。

私たちが動くことができるのは、運動感覚能力に支えられていることはくり返し述べてきました。この運動感覚能力というものは、乳幼児期の生活環境が大きく影響しています。たとえば、運動好きの保護者ですと、体を動かす機会が多く与えられるでしょう。そうでない保護者ですと、身体活動が十分保障されないことが想像できます。それと、子どもは遊び仲間に入れてもらうために、みんなと遊べるような運動ができなくてはなりません。運動のできない子どもは、いつのまにか仲間遊びから遠ざかり、ますます運動する機会が少なくなっていきます。このような生活環境の違いが、運動感覚能力の差になっていくのです。それを運動神経は生まれつきと誤解してしまって、できない子どもの動きの学習にあまり関心が向かない理由でもあります。

人間のこのような習得的な運動感覚能力が、動物の調教や訓練では絶対に不可能な人間特有の運動文化の世界をつくり出してきたのです。このことを考えれば、この運動文化を運動学習として子どもにどのように伝え、子どもがどのように覚えていくのかという運動の「伝承」は、体育の基本的な問題になります。

2　動きの発生についての問題意識

体育では、スポーツそのものを楽しむことを学習内容としますが、スポーツにはその種目特有の動きかたが求められますので、その動きを覚えることはつねに体育での中心的な内容になります。しかし、今日の子どものスポーツは、各種スポーツの技能の専門化と高度化が進み、スポーツ・クラブに通う子どもと一般の子どものあいだに大きな技能的ギャップがあり、それは広がるばかりです。とくに、活発に運動する子どもと、そうでない子どもの二極化が指摘されていますが、そのような子どもたちが一緒に学習する体育では、多くの教師が技能学習に指導のむずかしさを感じていることもたしかです。

また、小学校では多くの教師は体育専科ではありません。二極化していく子どもの現状に対して、すべての子どもを指導することがむずかしいとの理由から「できなくても楽しければ」という安易な体育の授業になっていることも否定できません。つまり、「楽しさ」という情意面を体育授業で保障さえすれば、技能的なことは「ひとりでに」できるものと、子どもの自得にゆだね、それが新しい体育の課題解決力の育成につながると勘違いをしていることがよくあります。

この「ひとりでに」できるという考えは、まだまだ体育やスポーツの指導のなかにいぜんとしてひそんでいるとして、金子は次のように指摘します。「なわとびをするとか、自転車に乗るとか、逆上がりをするとかのキネモルフェー〔動きのかたち〕になると、〈ひとりでに〉できるようになるとは考えにくい。そこには、どうしても覚える—覚えさせる関係系における営みが意識されることになる。しかし、走や跳などのキネモルフェーは、いつのまにか〈ひとりでに〉できてくるのだから、指導はもっぱらそのスピードや距離の増大をはかればよいと考える。そこでは動きの発生の問題意識はまったく欠落して、動きの〈かたち〉の発生や改善など、おおよそ気にならない」として、「走るというキネモルフェーには、ひとつの機械論的メカニズムしか存在しないのであろうか。子どもの走も名スプリンターの走も、たんにパワーやスピードの量的な差だけと考えてしまってよいのだろうか」といい、このような運動認識に対して疑問を投げかけています。

そして、「このような動きの発生への問題意識は、動きの分化、変形、洗練化をふくめて、運動指導の方法論にも大きな影響を及ぼす可能性をもっている」と動きの発生についての運動理論が、運動学習の新しい指導法を提供することができるといいます。

3 これまでの運動指導の問題

それでは、これまでの運動指導の考えかたにはどんな問題があったのでしょうか。

これまでの運動認識では、人間の運動を「もの」としての対象物ととらえて外側から観察し、その計測可能な運動要因（とくに体力的な要因を中心にして）だけを指導の内容とすることがよくありました。しかし、それだけをいくら指導してみても、動きそのものに目を向けないかぎり、動きのかたちを発生させたり、よい動きに変化発展させることにはなかなか結びついていきません。

たしかに、体力的な要因を高めることは必要なのですが、動きの力動的メロディーとあまり関係のない体力をつけさせたり、それだけで指導をすることには大きな問題があります。とくに、まだ動きかたが十分に身についていない子どもには、あまり意味をもちません。

次に、運動を科学的に分析するとの考えから、生命ある動きを個々ばらばらの絶縁動作に分割し、それぞれの動きを練習によって合成すれば、より改善されたまとまりをもつ動きになると考えます。しかし、人間をロボットの運動と見なすなら可能かもしれませんが、人間の動きは、ひとつのまとまりをもって、はじめと終わりという枠組みのなかで「一気に」行われます。そのために、絶縁的な動作をいくら寄せ集めても、まとまりをもつ動きにはなっていきません。

実際の学習では、動きを部分に分けて、動きのポイントを身につける練習をよく行いますが、子どもの運動感覚意識にもとづく局面構造をよく理解して、はじめてその部分練習が有効になるのです。ただたんに分割した動作を行わせても、それをまとまった動きに統覚していくことができなければ、ひとつのまとまりをもつ動きにはならないのです。動きの統覚には、「～しながら～する」といった運動感覚能力として統合が必要になります。その「～しながら～する」は、今、行った動きをただちに感じ取り「ながら」次の動きを「する」ことになります。また、これからやろうとする未来の動きを先読み「しながら」今の動きを「する」といった動きの統覚をふくんでいるのです。

最後の問題として、私たちにもっとも根強くある考えかたで、技術的ポイントの指導さえすれば、だれでもできるようになるという考えです。たしかに、技術は、だれにでも有効で客観的な動きかたを示したものです。その動きかたとしての「コツ」を身につければできるようになります。しかし、その「コツ」を子どもがどのようにして覚えるのかは、子どもの内側でおこる運動感覚意識の問題ですから、外側からは知ることができないブラック・ボックスのようなものです。これを人間の生体内でおこることとして、いくら生理学的条件や解剖学的条件を調べ、神経や筋肉の働きを説明しても、動きの「コツ」を子どもがどのようにしてつかむのかはいぜんわからないままです。

動きかたの指導では、どうしても運動技術が必要になります。問題は、技術がその運動を行うための動きかたを示しているといっても、どんな感じで動くのかまでは表していないということです。そこで動きのかたちを生み出すためには、動きかたの「コツ」をふくんだ図式技術（だれにも共通する動きの感じをふくんだ技術）による指導をどうしても欠落させることができません。

そうなると、技術的ポイントをいくら教えても「コツ」がよくつかめない子どもには、その後の指導が手づまりになってしまいます。それでも、子どもになんとか「できる」喜びを味わわせたいと考えている教師は、いろいろな手立てをもちいて指導を行います。

4　指導することがらを探す

できない子どもは、1人ひとり違った問題をもっていますから、指導すべきことがらも1人ひとり違います。ただ言葉かけを多くすればよいというものでもありません。

そうなると、どんな観点で運動を見て指導すればよいか、その基礎となる考えかたがどうしても必要になってきます。そこで、これまでの運動理論に欠けていた動きの発生にかかわっての理論が重要になってくるのです。

どんな動きもゲシュタルト（かたち）をもちます。逆上がりには、逆上がりと認識できるような動きのかたちを見ることができます。そこで、動きのかたちがどのようにして生み出されてくるのか、動きの発生のさせかたを問題にして子どもの動きかたを観察することが必要になってくるのです。この動きの発生を分析するには、人間の運動を「もの」として扱う自然科学的な運動理論によるものではなく、「生命ある動きは自己運動として〈今・ここ〉という主体によって体験された〈身体性〉の動きの時空系のなかでそのかたちが成立する。それは〈そのつど〉という流れつつある動きの体験から新しい動きの秩序を生み出していく」という現象学的・人間学的運動理論から導き出されてきます。それによって、覚えようとしている動きを子どもがどのようにして生み出そうとしているのか、動きの発生のしかたについて1人ひとりの子どもの動きを観察することで、子どもに合った「指導することがらを探す」ことができるようになります。

この「指導することがらを探す」ということは、「今・ここで」動きつつある子どもの動きのかたちから探すことになります。過去にどんな動きをどの程度経験をして、どんな感じで動いているのか、また、どんな指導を受けてきたのかなどによっても、子ども1人ひとりの動きの発生のさせかたに違いを見つけることができます。当然それによって指導することがらも違ったものになってきます。

5 動きを「まねる」ことと「なじみの地平」

大人は運動を頭で一度考えながら行うのに対して、子どもは見た運動に共感をもち、まだ完全ではないけれど、特徴ある動きかたを即座にまねてしまうことがあります。そのような子どもは、それまでに豊富な運動経験をもち、運動に共感する能力をよく発達させてきたのです。また、見よう見まねでできる運動というものは、自分の身体を自由に動かすことのできる運動にかぎられてきます。

ある動きを覚えようとする営みは、まず最初に友だちの動きにせよ、映像にせよ、動きのかたちを見ること（視覚像）によって、その「まね」をすることからはじまります。教育学の佐伯胖は、『学ぶ』ということばは、もともと『まねて、すること』だといわれている。子どもが大人のやり口をまねることこそが『学び』だという考えかたがある。学びの基本がまねだとすれば、文化遺産の伝達は、大人が子どもに『やってみせて、まねさせる』ということでスムーズに進行するのだといえる」といいます。動きかたを覚えることも、「まねる」ことが運動学習のはじまりと考えてよいでしょう。

しかし、視覚像さえ与えれば学習がはじまるのかといえば、そうではありません。オリンピック選手が行うような高度な技を見ても、子どもはけっして「まね」をしようとはしません。子どもが「まねたい」と思うような動きのかたちがそこに示されなければならないのです。動物行動学のローレンツのいう「動きをまねたいという〈原衝動〉がおこることによって、運動感覚（キネステーゼ）的なメロディーをともなった〈動きの像〉がただちに直観される」ことによります。すなわち、子どもがまねをしたいと思う始原衝動をもつ運動とは、「こんな感じでやればできそうだ」と自分の運動感覚で感じ取れる動きのかたちということになります。

このことは、金子のいう運動形成の5位相にあてはめれば、原志向位相ということになります。すなわち、原志向位相では、動きを覚える条件としての「なじみの地平」が問題になります。それは、まだはっきりと運動を覚えようとする能動的志向性は働いていないのですが、目の前に示された運動に対して感情的に嫌ではないというかたちで、すでに運動感覚的に共感が生じている受動的な状態にあるということです。

たとえば、「何となく嫌な気分がする」と感情的になじめず、身体状態感や全身感覚などで「できそうもない」と感じると、その運動を「やろうとは思わない」ことがあります。このことからも、運動の行われる場の雰囲気や自らの身体状態感によっては、「動きたくなる気分」であったり、「動きたくてたまらない感じ」になったりする原志向性の働きによって、「まねてみたい」とか「やってみたい」ということになるのです。

体ほぐしの運動は、運動の苦手な子どもや活発に運動しない子どもに体を動かす楽しさを味わわせることで、自分の体に気づき、体の調子を整えたり、仲間との交流をねらいにします。各種のスポーツ種目においても、この体ほぐし運動の趣旨を生かす指導が求められています。

その理由のひとつに、運動嫌いや活発に運動しない子どものために原志向位相の「なじみの地平」をつくり出すことがあげられます。それによって、子どもはいつのまにか各種のスポーツに親しんで学習することができるようになるのです。

6 「まねができる身体」をもつということ

動きを「まねる」ということがいちおうできれば、動きの発生としては「できる」という段階に達したことになります。この動ける身体をもつことによって、よりよい動きへと修正することができるようになります。そして、いろいろな技術的指導も受けることができるようになります。しかし、「まねる」ことはそう簡単なことではありません。そこには、動きの学習としてもっとも大切な「まねる」ための運動感覚能力をどのように育てるかという問題がでてきます。

このことを「開脚跳び」で考えてみます。子どもが開脚跳びのまねをしたいと思うには、「こんな感じでやればできそうだ」と、子どもに感じ取れるような動きでなければなりません。開脚跳びを「まねる」ということは、けっして映画のストップ・モーションのように、助走、踏み切り、着手、足を開く、着地などの動きを分割して、それぞれの動きをまねるのではなく、「助走から着地まで一気に全体として」まねることになります。

そのためには、どうしても助走から着地までの動きが「まねができそうな身体」「動けそうな身体」をもっていることが必要になってくるのです。そのような、「まねができそうな身体」をもつには、それに近い動きのアナロゴンを経験しておく必要があります。そして、その一連の動きに共感でき、そのような動きかたが自分の運動感覚意識にのぼり、できるという確信がもてなければなりません。

開脚跳びのまねができれば、動きの発生として、とりあえず開脚跳びの最初の「できる」段階に達したことになります。しかし、開脚跳びのまねをしようとしても、踏み切りのところで止まってしまう子どもがいます。その子どもは、開脚跳びの動きをまねたくても、「どのように踏み切ってよいのか」、また「跳び箱に手を着いたあとにどのようにして跳べばよいのか」などの感じがまったくわからないのです。それは、頭ではなく運動感覚能力として「まねができそうにない」と直感的に体で感じ取っているからです。

7「まねる」ことと「コツ」を身につけること

跳べない子どもは、身体的能力として走ることはできます。また、ジャンプすることもでき、手で体を支える力もあり、開脚跳びのための身体能力は他の子どもと何も変わりません。

それでは、なぜ跳べないのでしょうか。跳べない理由のひとつとして、今、目の前で見た開脚跳びを同じようにまねて跳ぼうとしても、「私はそのように動くことができる」という運動感覚能力をもっていないことがあげられます。この運動能力とは、「運動の先読みや運動想起を生き生きと現在に引き寄せる能力」のことで、今ここで動いている動きのなかに、今、行った動きの感じをつなぎ止め、さらに、これから行う未来の動きの感じを取り込むことができる現前化能力のことです。

跳べない子どもは、身体的能力に問題がなくても、踏み切り後の動きかたの感じが先読みできませんから、踏切板の上で止まってしまったり、跳び箱の上で手でストップをかけるようにして止まってしまうのです。ある意味では、跳ぶ感じがわからないまま跳ぶと、跳び箱にお腹をぶつけたり、お尻を打ったり、着地で顔から落ちるかもしれないことを気配として感じ取っているのです。別のいいかたをすれば、自分の身体の安全を守る能力をもっていることになります。

跳びかたの「コツ」がわからない子どもに、「がんばって」とか、「思い切って」とか、「やる気になれば跳べる」などの言葉かけをしても、なかなか跳べるようになりません。そこで、どうしても運動感覚に共感し、跳びかたのコツがわかる指導が必要になります。しかし、運動指導では、子どもに身体で共感できる「コツ」を教えることが、もっともむずかしいことなのです。

「コツ」は、自分のやりたいと思っている運動を行っているとき、その運動の要になる「身体の動かしかた」を自分でわかること、すなわち、身体が了解したことをいいます。「コツ」は運動感覚的なもので個人の主観的な感じかたによって違ってきますから、それをまた言葉で説明することもなかなかむずかしいのです。「コツ」を子どもに感じ取らせるよい方法はないのでしょうか。

そのようなときに、子どもに開脚跳びの動きの感じや力の入れかたが似ているやさしい運動をもちいて「こんな感じの動きがわかるか」とか、以前に経験した運動を思い出させて、「○○の運動と同じ感じで」など、動きの感じがわかるような指導をよく行います。

このように「コツ」をつかませるために、どうしても動きのアナロゴン、つまり、類似した動きかたや体の使いかたがわかるような運動をもちいて指導します。たとえ、その動きによって子どもがどんな感じで動こうとしているのか、それがブラック・ボックス（子どもの内部で感じ取られ、外からはわからないこと）であったとしても、いろいろなアナロゴン的な動きを示して経験させていくなかに、子どもから「今、感じが少しわかった」とか、「こんな感じでやってみるとうまくいった」などの内観報告（感じたことを提示する）を聞くことができるようになります。そうすると、教師の教えたいことと子どもが覚えたいことのあいだに、共通のチャンネルが少しずつ成立してきます。それによって、いろいろと動きの感じの指導ができるようになるのです。

よく体育の授業では、逆さ感覚や平衡感覚、体重移動の感覚などの感覚づくりが大切だといわれます。これも動きの要素的感覚を経験させて、「コツ」をつかみやすくする指導といってよいでしょう。しかし、子どもに動きかたの「コツ」をつかませるためには、どうしても動きのアナロゴンなどをもちいてそれを統覚し、動きの感じとして新しいメロディーが奏でられる能力を、いかに育てるかという問題意識を教師はつねにもっておく必要があります。

8　コツと動きのアナロゴン

アナロゴン（analogon）とは、ギリシャ語の類似物、類似体を意味しています。スポーツや体育の運動指導において、動きのアナロゴンは、動きの発生や意味構造から似た動きの感じをもって、あるまとまりのある動きのかたちを意味する言葉としてもちいられます。

詩人で有名なゲーテは、自然科学者でもありました。そして、近代科学のもとになっているニュートンの自然科学とは異なる「もうひとつの科学」の必要性を強く主張したのです。とくに、ゲーテの生物学では、生きているもの、たえまなく動いてやまないものを、生きて動いているがままにとらえようとします。しかも、有機体というものはひとつの全体であり、それはつねに他とのつながりに応じて形を変え、変形していくので、そういう変形過程をメタモルフォーゼと名づけました。そして、植物や動物のある器官と他

図 15　前転から跳び前転、開脚前転への発展

の器官が発生論的に同じ起源をもつものを類似（analogie）と呼び、メタモルフォーゼ（変態、変形）と原型という理論から類似の概念を導き出しました。すなわち、ひとつの形が発生すると、その形（原型）が変形（メタモルフォーゼ）して、また新しい形がつくられます。そして、成長したときには別の形になっていたとしても、類似のものとして関係づけることができるのです。

この類似の考えかたを、人間の運動や動きにあてはめることができます。それは、人間が覚え、身につける数多くの動きも、はじめは基本的な原型からそれが少しずつ動きのかたちを変形させて他の動きと区別することができるようになります。そして、その動きに名前がつくことで固有の運動になるのです。

たとえば、幼児期の跳ぶという運動は、いろいろな情況のなかで変化させることにより、両足跳びがなわとびに、川跳びから走り幅跳びや走り高跳びに分化、発展していきます。マット運動では、前転を立ちあがるときに足を開脚に変形させて立ちあがると開脚前転になり、前転するときに少し空中に体を浮かして跳びあがりを入れると跳び前転になります（図15）。器械運動の多くの技は、このようにもとになる動きかた（原型）を少しずつ変形（メタモルフォーゼ）させることによって技が発展していったのです。

このように、私たちが身につける動きのかたちは、生成消滅をくり返しながら、新しい動きのかたちとして私たちの前に姿を現します。このような動きのかたちを観察する研究を、モルフォロギー（形態学）といいます。この研究をもちいて、多くの運動を体系的に分類したり、系統的に関連づけてマップをつくることができます。器械運動の技の系統性は、この考えでつくり出されています。

ここで注意することは、技の系統性といっても、たんにやさしい運動からむずかしい運動、単純な運動から複雑な運動といった従来の構造論によるものではなく、動きかたを覚えようとするときの運動感覚意識にもとづいて、どのような動きのかたちに変化発展させることができるかという、意味構造からの系統性だということです。

これは、器械運動にかぎりません。乳児が歩きはじめますと、それが原型になっていろいろな歩きかたへとメタモルフォーゼをさせながら、３、４歳児ではいろいろな情況に合わせて自由に歩くことができるようになります。これは走・投・捕も同じで、私たちが身につけている高度な運動もさかのぼれば、かならず原型にたどり着きます。そのとき、原型はひとつとはかぎらないで、複数あることもあります。それは多くの運動は、いろいろな運動と組み合わせてひとつの運動になっているからです。たとえば、ボールを蹴る場合でも、走とキック動作が組み合わされていますし、ドリブルからのシュートはさらに違う組み合わせが求められます。

運動学習では、このような原型とメタモルフォーゼの関係から動きの感じの類似性（アナロゴン）に着

図 16　手足歩きから開脚跳びへの発展

目して、そのような運動をまとめて学習させると、運動経験の拡大や学習転移が容易に効果的に行われることはよく知られています。このような学習法は、系統的・段階的学習として体育の授業やトレーニングのなかで一般的にもちいられています。

そこで、どんな運動が動きのアナロゴンとして有効なのか、それをどんな順序で指導するかということは、実際に子どもが運動している姿を見て、どんな動きの感じが足りないのか、そのためにまず原型となる運動を導き出し、子どもに今できそうな動きのメタモルフォーゼ（変形）を与えることになります。はじめは試行錯誤ですが、多くの実践例が出てくると、できない子どもを見ればどんなアナロゴン的な運動が有効であるかわかってきます。それは、ちょうど医師の診断と処方に似ています。

たとえば、開脚跳びやかかえ込み跳びは、その原型をハイハイや手足歩きに見られます。それらは、手足で跳ぶという変形が加わり、ウサギ跳びになっていきます。そのウサギ跳びがタイヤ跳びになり、馬跳びになります。そして、台上への跳びあがりのウサギ跳びに発展していき、開脚跳びやかかえ込み跳びにつながっていくのです（図16）。

このような動きのアナロゴンをもちいて、教師は子どもの今の動きかたの状態を診断し、今できそうな動きを処方として与えることによって、動きのかたちの発生を助けることができるようにします。

8 「できる」までの運動学習について考える

1 「教える―覚える」の関係

教師ならだれもが子どもに「できるようになってほしい」「もっと上手になってほしい」と願って指導します。子どもも、先生にいわれたことを「できるようにしよう」として一生懸命がんばります。ここに教師と子どものあいだの「教える―覚える」という関係が成立し、授業が展開されていきます。当然のことながら、教師は教えるという立場に立つわけですが、今、この教師と子どものあいだの指導関係のありかたについての見なおしが迫られています。それは、これからの教育が「生きる力」を目標に、子どもが自分に合った課題を見つけ、それを解決できる力を育てることをねらいに、知識中心の学習から課題解決型の学習へと転換することを求めているからです。

そのためには、これまでのような教師側からの一方的な知識や技能の教え込みによる指導ではなく、子どもの学習に対する思いや悩みを取り入れながら、子どもの主体的な学習を大切にする双方向性の関係を重視する授業にしていかなければなりません。当然、体育の技能指導の考えかたやその方法論にも大きな違いが出てくるでしょう。

運動を覚えるためには、授業マネージメント的に管理するだけでは、「できる」ようにならないことはこれまでにも述べてきました。とくに、器械運動のように新しい動きかたを覚えるという学習では、「やりたい」のだが「できない」、「もっと上手になりたい」という子どもの悩みに対して、どのように応えてやるかが教師のもっとも大切な指導内容になります。このような指導が行われないことが原因で、運動嫌いをつくり出していることもあります。

そこで、子どもが運動を覚えるために、子どもが「やってみたい」との思いから「できる」までのあいだに、どんな問題がひそんでいるのかを子どもの側に立ってとらえなおす必要がでてきます。そうしないと、ほんとうの意味での動きの学習としての課題解決学習にならないからです。この「やってみたい」と「できる」との関係を運動形成から見ると、「原志向位相」と「偶発位相」のあいだの「探索位相」という段階です。この位相が、できない動きや新しい動きかたを身につけるための、もっとも大切な学習段階ということになります。

2 子どもが「やってみたい」と思う学習

子どもが運動を覚えるための指導には、これまで述べたように、動きの発生の理論がどうしても必要になってきます。つまり、子どもは「やってみたい」と思っても、どのように身体を動かしてよいのか「わからない」わけですから、子どもが動きを覚えていくプロセスに視点を当てる指導理論が問題になってくるのです。

運動を覚えるという行為は、自分の意志で、自分の身体をもちいて、「コツ」をつかむために試行錯誤しなければなりません。さらに、学習情況によっては、ひじょうに時間がかかったり、いろいろな苦しいことを乗り越えたり、環境からの影響を受けながら覚えていくことになります。そのこと自体が、すでに課題解決的な学習を実践しているのです。

自分の意志で行うということは、「やらされる」のではなく、子どもが「やりたい」という気持ちにならなければなりません。子どもが「やりたい」と思うようにするには、まず子どもに運動を提示する段階で、興味・関心、意欲をもたせるようにすることです。

とくにできない子どもには、「やってみたい」と身体で動きの感じを共感できるように説明することが大切になります。そのためにも、子どもの運動形成がどの位相にあるのかを知っておくことが必要になります。当然、原志向位相としての「なじみの地平」に子どもの状態があるかどうかも問題にしなければなりません。

3 「わかるような気がする」段階を大切にする学習

これまでの運動指導の説明ですと、コンピュータに情報を入力するのと同じで、必要な情報さえ入力すれば、あとは結果が出てくるものと考えることがほとんどでした。コンピュータは、ブラック・ボックスとして、内部の働きを知らなくても結果は出てきます。運動を教える場合でも、目標とする運動を図解や

ＶＴＲで見せて説明し、理解できれば練習するように指示を出します。あとは、その結果を評価することが教師の役目と考えて、子どもが運動を覚えるプロセスについては、個人のブラック・ボックスのなかに隠されたものとして無関心でいることが許されてしまうのです。

このように、はじめに行う説明だけでは、できない子どもにとっては、先生のいうとおりにやってみてもなかなか「できるようにならない」という気持ちが強くなり、学習することをあきらめてしまうということさえあります。

運動の説明は形式的なものではなく、子どもが「やってみたい」と動きの感じを身体に取り入れられるような「コツ」をふくんだ図式技術でなければなりません。覚えようとしているプロセスのなかには、つねに「コツ」がわかるような指導言葉が必要になります。そのような指導言葉をもちいるためには、教師自身が動きかたを潜勢自己運動として成功しておくことが前提になります。それによって、子どもに代わって動きかたの感じを代行することができるのです。この代行能力が「わかるような気がする」段階へと導くことになり、教師が身につけておくべき大切な指導能力のひとつになります。

潜勢運動とは、知覚学で有名なハンガリーのパラージによると、「われわれのすべての想像生活の基礎を形づくるものである。ある物体を空間の一定の場所で知覚するというとき、潜勢的に注意を向けて、物の位置や空間での現れかたをたしかめ、次いで潜勢運動によって物の表面や輪郭をなぞりながら、その広がりや状態、形態をとらえる。このような想像なしに、空間のなかに秩序づけられ、位置づけられ、形づけられたもの、または出現されたものをけっして知覚することはできない」といいます。また、オランダの現象学的人間学のボイテンディクも「子ども同士の遊びや大人のボールゲームも、その展開経過の大切な部分は、潜勢運動によって行われているのであり、仲間同士の気持ちの通じ合いも、楽しく一緒に居合わせることも潜勢運動なくしてはできない」といいます。

この潜勢運動の概念をもちいて、金子は潜勢自己運動とは、「教師が子どもの動きのかたちを生み出すために子どもに代わって動きの感じを思い浮かべてどのように動けばよいかを感じとるには潜勢自己運動が必要になる」といいます。また、子どもが自分の運動を行おうとするときに、動きの感じを想像することはキネステーゼ志向性が働きます。

このことから潜勢自己運動やキネステーゼ志向性とは、身体の全体的な感覚によって、実際に自分でやっているような動きの感じを身体のなかで思い浮かべて、動きかたを成功させようとすることといえます。これは、言葉ではなかなか表現できないのですが、私たちが運動を意識して行おうとするとき、かならずその前に力の入れ具合やそのタイミングなど、どのようにするかを思い浮かべ、運動メロディーとして身体のなかで奏でています。また、長いあいだやっていないような運動をするとき、以前にやった運動を身体全体で、手や足でその動きの経過を追うように運動メロディーを思い出しています。もし、このような運動メロディーがまったく生じないとすると、身体的には何も問題がなくても、実際に動こうとしてもうまく動くことができません。

たとえば、跳び箱を跳ばない子やボールゲームに積極的に入っていけない子などは、そこでどのように自分の身体を動かしてよいか、実際に動いている感じがつかめないわけですから、「わかるような気がする」という動きの感じが湧きおこってこないのです。実際に動いているような感じを思い浮かべることができるようにするためには、頭で運動をイメージさせるだけではつくり出せません。そこで教師は、子どもの運動を覚えようとするプロセスのなかに積極的にかかわり、子どもに代わって潜勢自己運動として成功すること（代行能力）が必要になります。それによって、動きの感じを子どもにわかるように説明したり、指導したりすることができるようになっていきます。そのためにも、できそうな運動や動きのアナロゴンなどをもちいて指導する必要があるのです。

子どもは、教師から示されたいろいろな動きのアナロゴンを実際に行ってみて、コツをつかむのに必要な動きの感じを探し出すことになります。このように、探りを入れながら動きのかたちを生み出そうとする、「わかるような気がする」段階を探索位相といいます。この位相は、運動学習のなかでもっとも大切な学習であり、十分な時間を確保してやる必要があります。子どもの動く感じとしての運動感覚意識は、まだ空虚な状態で充実していませんから、動きのコツを手探りしている状態なのです。

教師の役割は、子どもが動きの感じをつかみ取ろうとして試行錯誤している姿を学習として評価し、指導を子どもの運動感覚意識にもとづいて行うべきです。それによって、今、ブラック・ボックスであった子どもの覚えようとする動きの感じに共感できるチャンネルをもつことができるようになるのです。

4 ボールゲームでの「わかるような気がする」段階

授業でボールゲームを楽しんでいる子どもたちのなかには、ボールに触れる回数が極端に少ない子どもがいます。その子どもをよく観察しますと、味方のパスや敵のパスに対してボールのあとを追いかけるようにして、ボールから比較的近い距離にいるのですが、パスを受けることも、敵のパスを妨害することもあまりしません。たとえボールがパスされても、周りの情況とは関係なく、急いで近くの味方にパスして積極的にパスワークのなかに入ろうとはしないのです。そして、得点が入ると、みんなと一緒に喜びの声を出しますから､外から見ているとみんなでボール運動を楽しんでいるように見えます。その子どもに「ボールゲームは楽しかったか」と聞くと、「楽しかった」と答えます。ほんとうにボールゲームを楽しんだのでしょうか。もしかしたら、それは楽しそうにふるまわないと、仲間はずれにされることを知っているからかもしれません。

ボールゲームの授業では、子どもたちに作戦を立てさせて、それを「めあて」にしてゲームや練習ができるようにします。この作戦を立てるときは、作戦板をもちいて自分たちの動きのフォーメーションを考え出します。みんなで考えたフォーメーションを、情況に応じた動きかたとして実際に動いているような感じで理解できる子どもはよいのですが、そうでない子どもは、示されたフォーメーションから実際にゲームで動くときの感じやボールをどんなタイミングで受けて、だれにパスするかなど、その感じが身体のなかから湧きおこってきません。

図で示されたフォーメーションを頭で理解したとしても、運動感覚の世界での動きかたは、まだ空虚であり、情況にかかわっての動きかたも、実際に動いているような感じとして何も感じ取ることができないのです。ちょうど、将棋をよく知らないで駒を動かしているようなものです。しかし、授業の「めあて」が仲間との話し合いや協力、ルールがわかることに主眼がおかれますから、子どもは作戦の話し合いにはいちおう参加しているし、わかったふりをしています。

ボールゲームが苦手な子どもも、みんなと一緒にゲームのなかでパスをしたり、シュートをしたりしたいのです。しかし、対私的な動きかたとしてどんな感じで動けばよいのかわからないこと、また、情況に応じたかかわりかたの動きもよくわからないでいるのです。そこで失敗すると、チームに迷惑をかけるとの思いで、自分から積極的にボールに対して動く気にならないのです。もしかしたら、自分がボールに触らないほうが、チームの勝利に貢献できると考えているのかもしれません。

教師は、このような子どもの気持ちや悩みを理解して、パスやシュートの運動感覚能力をどのように育てるか、また、味方や敵の動きを先読みして情況に応じたかかわりができる能力をどう育てるのか、このような問題を抜きにしては、1人ひとりの子どもがボールゲームを楽しめる指導にならないのです。

ボールゲームでは、子どもの要求からどうしてもゲーム中心になります。教師もゲームを行わせておけば、ゲームに必要な運動感覚能力はゲームのなかで育つと考えてしまいます。たしかに、ゲームを多くすれば、学年が進むにつれてそのような能力を身につけていく子どもも多くいます。しかし、ゲームになじめない子どももいることを考えれば、ルールや作戦の工夫だけを「めあて」にするのではなく、まずパスやシュートの運動感覚能力を育てることが大切になります。それによって、ゲームのなかでどのように動けばよいのか、どのようにパスをすればよいのか「わかるような気がする」という意識がもてるようになります。また、作戦を立てたり、ルールの意味がわかるようになっていくのです。

5 子どもの知りたい「コツ」

子どもが教えてほしいことは、どうしたら「できる」ようになるのか、身体の動かしかたの「コツ」を知りたいわけです。しかし、「コツ」は、自分自身の身体を動かすことでしか覚えることはできません。したがって、たとえ「まぐれ」であってもヒントになるポイントがわかれば、「できそうな気がする」という感じが湧いてきて、積極的に取り組むことができるようになります。

そこで教師は、まずはじめに技術ポイントを説明します。技術ポイントは、多くの人びとが「できる」ようになった「私のコツ」を「私たちのコツ」にまとめたもので、言葉で説明できるようにしたものです。この技術ポイントを指導すれば、子どもは「コツ」をつかんでくれると考えるわけですが、ここにも問題がひそんでいます。それは、技術ポイントを、今度は1人の子どもが、自分自身の動きの感じとしてどのように身につけることができるかということです。やはり、それも個人のブラック・ボックスのなかに隠されてしまいます。

「コツ」を説明するのは、とてもむずかしいことです。それを言葉や図解で説明したとしても、個人によってその受け取りかたは違ってきます。また、できそうになって「わかった」と感じても、次にやったときには「できない」こともよくあります。個人によっては1回でつかむ子もいれば、何回やってもわからない子もいます。大人でも経験することですが、昔にいわれたポイントが何年も経ってからわかることも珍しくありません。

技術ポイントを言葉で伝えるのは簡単ですが、その「コツ」を身体でつかめるようにすることがもっともむずかしいことです。それだけに、運動学習の喜びは、「コツ」をつかむことの達成感にあるといってもよいでしょう。ここに、教育としての意義があるのです。

9 運動が「できる」について考える

1 「できる」ようにするための指導

体育で子どもがもっともうれしそうな顔をするのは、一生懸命に努力してめざす運動が「できた」ときとか、その「できた」ことが「あっ、そうか、わかった」と、そのやりかたの「コツ」がはっきりと感じ取れたときだと思われます。

運動が「できる」ということは、ただ頭でその動きをイメージしたり、理解したりするだけではなく、身体で「わかるような気がする」という段階として運動メロディーを奏でることです。その必要性は前にも述べました。跳び箱が跳べない子どもは、キネステーゼ志向性（実際に自分でやっているような動きの感じで思い浮かべる）のなかで「跳べる気がしない」のですから、踏み切りの前で止まってしまったり、跳び箱の上に手を着いてただ上に乗るだけになったりします。もし、思い切って跳んだとしても、跳び箱にお尻をぶつけるか、跳び箱にお尻が引っかかって前のめりになって顔から落ちる場面を想像してしまい、どうしても体が動かなくなってしまうのです。

それだけに、動きのアナロゴン（類似した動きかたの感じをもつ運動）をもちいたり、場を工夫したりして、少しずつ動きの感じがわかるように指導することが大切になります。そして、子どもが実際に自分でやっているような感じを思い浮かべ、たぶんこんな感じで跳べば跳び越すことが「わかるような気がする」と身体で感じ取れるようにしてやります。そのための時間を十分に確保してやることも必要になります。

「できる」ようにするための努力は、回数や時間をどれだけかければよいかといった量的な問題だけではありません。それよりも、自分の身体で感じ取る動きの感じを大切にしながら、身体各部の動かしかたや力の入れぐあいなどをあれこれと試してみることが必要になります。そこに、運動学習としての努力や工夫が求められてくるのです。

私たちの運動は、自己運動として自分の意志で運動をしなければなりませんので、他人が代わってやることはできません。それだけに運動を覚えることは、自分で自分の身体を動かし、自得するしかないのです。しかしそのとき、指導者は回数や時間の指示を出して管理的に指導をするのか、それとも子どもの運動感覚能力を育てながら「こんな感じでやってごらん」とか、子どもの動きに共感して「今の動きはよかったけれど、どんな感じで動いたの」とかを聞きながら指導するのとでは、まったく指導の中身が違ってきます。

運動指導でもっとも大切にしなければならないことは、子どもの動きに共感することと、子どもが今やっている動きの感じを読み取ってアドバイスしてやることです。運動が苦手だった先生は、できない子どもの気持ちがよくわかるはずです。また、子どもがちょっとした動きの感じにも「わかるような気がする」と喜ぶ姿にも共感できるはずです。そこでの言葉かけは、できることをあたりまえに思っている先生にない励ましの言葉になるはずです。

2 「できる」ことと「身体の了解」

できなかった運動が「できる」ようになるときは、練習のなかで次に「できそうだ」と予感して「できる」こともあれば、ある瞬間に思いがけず「できた」ということもあります。それがたとえ、まぐれで「できる」ようになったとしても、今、わからなかった動きかたの「コツ」が身体によって「あっ、そうか」と合点した瞬間です。すなわち、「身体がその動きを了解した」ことを意味します。「身体による了解」は、身体が運動感覚能力（私はそのように動くことができる）をもったことになります。また、世界（周りの世界、もの、人、自然）に対して、このような動きをしたいと思えば、それができるようになる移調可能性の運動感覚能力をもつことも意味します。

たとえば、幼児が「あ」という字の練習をします。はじめは、模写して書こうとするのですが、「あ」の字のかたちにならず、へんな字になってしまいます。また、逆さに書いたりもします。ところが一度「あ」の字が書けるようになると、あとは練習しなくても左手でも書けますし、足で地面に大きく書くこともできます。すなわち、図式として「あ」という字（図）の書きかたを身体が〈式〉として了解することができたのです。そこに「あ」という字を書く「移調可能性」の運動感覚能力をもったということになります。ここでは、字の上手、下手はまだ問題になりません。

跳び箱が跳べるようになるということも同じことがいえます。今、私の前に立ちはだかり、私を動けなくしていた障害物の跳び箱が、跳べることによって、私の身体のなかにその運動感覚図式（かたち）が生み出され、身体がその動きかたを了解したのです。跳び箱と私の身体との関係も、「なじみの地平」として「いやな器械・器具」ではなく、跳びたくなるような器械・器具に変わっていったのです。

学校体育では、跳び箱運動は小学校低学年から中学校1年生まで必修種目として、中学2年生から高等学校までは選択種目として学習内容に取りあげられています。このことから考えますと、低学年では跳び箱に違和感をもたない「なじみの地平」のレベルにしておくことと、できるだけ早い時期に跳べる運動感覚能力を育てておくことが大切になります。そこでは、何段の跳び箱を跳ばなければいけないとかといった問題ではなく、「移調可能性」をもつ運動感覚能力（私はそのように動くことができる）を育てることです。とくに、低学年の基本の運動については、この「移調可能性」というものをその基底にして動きかたの指導をすることが大切になります。

めあて学習では、学習カードをもちいた授業がよく行われます。この学習カードでは、やさしい運動からむずかしい運動へと練習段階が示されるのが一般的ですが、動きの系統性を重視するならば、運動感覚的に類似する動き（アナロゴン）に加えて、移調可能性をもっているかどうかの視点を加えて作成する必要があります。

「できる」ことは、「身体の了解」を意味します。しかし、ここでの「できる」は、まぐれの「できる」もふくんでいますから、やっと「できる」ようになったという段階です。いつでも「できる」かといえば、「できなくなる」ことも多くあります。運動の形成位相でいえば偶発位相にあたり、「できるような気がする」としてコツをまだはっきりとつかんでいないのです。

3「できた」ことが「できなくなる」ということ

「できる」という状態は、そこでの運動が「はじめ」から「終わり」まで「一気にまとまりをもつ動き」としてつくり出されたのです。それは、けっしてこま切れ的につなぎ合わせた動きではありません。この「一気にまとまりをもつ」という動きの意味をよく考えてください。

たとえば、「跳びあがる」という運動は、踏み切りから着地まで一気に行わなければできません。途中で止めたり、頂点で止まったりすることはできないのです。このように運動が「できる」ということは、跳び箱運動の場合ですと、はじめの助走から踏み切り、着手、開脚での跳び越し、着地まで一気に行われることです。そして、まだまだ不安定さやあぶなっかしさが残るにしても、開脚跳びという運動が「一気にまとまりをもつ動き」として行われたのです。

すなわち、「できる」ということは、今までやろうとしても「できなかった」動きのかたちが、今ここにつくり出されたということを意味します。新しく運動を覚える場合、たとえば、器械運動では、まず、開脚跳びや逆上がりができることを目標に学習を進めていきますから、はじめて「できる」ようになったときに、「よくがんばったね」と最初の賞賛を受けます。子どももいちばんうれしい瞬間です。問題は、そこで「もう一度やってごらん」といわれて、再度挑戦してできればよいのですが、できないときには、一度できたのだから次は「いつでもできるようにがんばりなさい」といわれるだけで、なぜできなくなったのかの説明がされないことです。

運動がはじめて「できた」ときには、できたという大きな喜びを身体全体で感じたとしても、どうしてできたのかよくわからない場合が多くあります。動きの感じを意識しようとしてもまだまだ運動感覚（キネステーゼ）形態の全体が空虚な状態にあり、自分でもどうしてできたのかよく感じがつかめません。それだけに、いつもできるとはかぎらないのです。いつでもできるように動きの感じを充実させるためには、どうすればできるのかと自分の運動感覚意識を働かせて、何回かできたときの動きの感じを意識するなかでコツをはっきりと身体化させていきます。そのためにも、自己観察によって自分の動きを感じ取れるようにしなければなりません。そして、ほんとうに「できる」という段階にまでは、さらに、いくつかの学習段階を踏むことになります。

器械運動の学習では、「できる」ようになった技が「できなくなってしまう」ことがよくあります。その理由のひとつに、非日常性の特性があげられます。それは、日常的にあまり行わない運動ですから、「身体で覚える」ところまでくり返し行う機会が少ないということです。たとえば、倒立は日常的に行う運動ではありません。また、寝返りや起きあがりで転がることがあっても、わざわざ前転で起きあがるようなことはしません。

日常生活のなかで必要とされない運動でも、器械運動の技は、人間の動きの可能性として、巧技的な楽しみとして、歴史的な運動財として伝承されてきた運動です。それだけに、何の苦労もしないで覚えるような運動ではなく、「できない」ことを「できる」ようにするところに喜びがあり、身体の動かしかたを意識して苦労しながら覚えるところに体育としての教材的価値があるのです。

器械運動では、まず「できる」ようにするための動きのかたち、たとえば、開脚跳びや逆上がりなど動きのかたちをつくり出すことを目標にしますから、学習指導は「できる」ようになるまでの学習カードなどをもちいて授業が進められます。しかし、問題は「できる」ようになったあとの学習にあります。「いつでもできる」ようにすることはそう簡単なことではないのです。それだけに、「コツ」をしっかりとつかむための時間やその指導が必要になってきますが、ふつうは授業時数の関係で「できるようになった」段階で終わってしまうことが多いのです。学年が進んでもこのくり返しになります。

4 はじめて「できる」ということ

マイネルは、運動学習の位相を3つの段階で説明しています。

○粗形態の段階　はじめて運動ができたという段階で、基本的な運動経過をあるまとまりをもって実施できる状態、そこではまだ運動の質的なことや成功率などは求めることができない。

○精形態の段階　粗形態の運動を何回もくり返し行うことにより、動きに修正が加わり、安定性と洗練された動きになる段階で、いつでもうまく行うことができるようになる。また、発展技や変形技へと挑戦することができるようになる。

○自動化の段階　運動はいつでもできる段階で、動きかたをどうするとかなどのポイントを確認しなくてもやろうと思うだけでできるようになる。また、情況の変化や相手の動きに対してすぐに対応できる状態である。日常の動きやゲームのなかで使う動きは、このような状態まで熟練されている。

器械運動では、技を覚えたとしても粗形態での動きのかたちで終わってしまうことがよくあります。そこでは、動きの質や安定性などはまだまだ獲得されていません。当然、開脚跳びにしても、助走は1回1回の歩幅やスピードも違ってきますから、踏み切りや手を着く場所も一定でなかったりします。そのために、跳べなくなったり、また、恐怖心が出たりすることもあります。

また、動きのコツがわかったと思って跳んでも、次に行うと前のコツとは違った動きの感じを強く意識してしまうことがあります。そして、コツがわからなくなり、また跳べなくなってしまいます。この段階では、今、行った動きの感じを再認化する能力がまだ育っていません。開脚跳びのコツを再認化することができないと、開脚跳びを跳ぶときの感じにまだまだ空虚な部分が多く、跳ぶための感じは充実されていませんので、1回1回に探りを入れながら跳ぶことになります。

はじめて跳ぶことができたときには、もう一度、跳ぶための条件を跳びやすくしたりして、跳び箱の跳ぶ感じを再認化できる能力を育てるようにします。同時に、何回もくり返して跳ぶなかで、余分な動きや間違った動きかたを感じ取り、それを切り捨てる能力も必要になってきます。

けっして、跳べるようになったからといって、すぐに高い跳び箱に挑戦させたりしてはいけません。せっかくまとまりをもって実施できた動きかたがまたバラバラになり、どうしてよいかわからなくなってしまうからです。それだけに、はじめてできたあとの練習は、とても大事にしていかなければならないのです。むしろ、この「できる」ようになったときから、ほんとうの「コツ」をつかむ練習がはじまるといってよいでしょう。

そのような意味から偶発位相の特徴は、「できるような気がする」というコツを再認化していく段階であるということができます。そして、何回も反復しているうちに、以前にやった「動く感じ」とよく似た動きと出合うことになります。それらのなかからアナロゴンを統覚して「コツ」をはっきりとつかむことができるのです。

この位相で、はっきりと「コツ」をつかまない状態で学習が中断しますと、「身体で覚える」という段階まで達することができません。まして、高学年の時期は身体発達が著しく、体格のバランスがくずれ、筋力と体重の関係も変化しますから、「できていた」ことがまた「できなくなる」という現象がおきやすくなる時期であることも知っておく必要があります。

今、「できていた」運動が突然にできなくなることは、この偶発位相ばかりではなく、次の図式化位相でも現れます。それは、それまでまとまりをもっていた運動メロディーが突然にくずれて、コツが自分自身でわからなくなってしまうのです。それは、なんの前ぶれもなくおこります。しかし同時に、新しいコツを求めて動きかたを試行錯誤することで、以前より安定したまとまりをもつ動きのかたちがそこに生み出されてきます。

運動ができなくなったり、タイミングの取りかたや動きのリズムがくずれていたりして運動が狂ったときこそ、新しい動きの質を生み出すチャンスなのです。このように、コツの危機を乗り越えることで、いろいろな情況に対応できる運動感覚能力が育っていきます。動きのかたちを鋳型にはめるようにくり返し行うことは、けっして動きの質が高めることになりませんし、いろいろな情況に応じた動きかたにもなりません。

5 「いつもできる」ということ

運動学習は、「できる」ようになれば終わりというものではありません。「できる」という言葉は、粗形態の段階として動きができたときだけではなく、精形態の段階での洗練されたスムーズな動きになったり、いろいろな達成課題を解決したりするとき、また、自動化の段階で周りの情況変化にうまく対応して動くことができるようになったときなどにも使われます。また、「うまくなった」という言葉も習熟過程を表しており、技能の完了や完結を意味するものでもありません。

スポーツでは、つねに新しい質をともなった動きのかたちへと動きを修正したり、改善したりすることの努力が求められます。それによって、古いコツを消滅させ、新しいコツを生成させることになり、それをくり返しながら動きかたを習熟していくことになります。そこには、人間が動きの可能性を追求する営みとして、つねに人びとを魅了させるすばらしい動きのかたちが、スポーツのなかに現れてくることを意味しています。

「まぐれ」でできていた動きかたも、何回も試行するなかで、成功する頻度が高まり、さまざまに現れてくる運動感覚能力のなかから、はっきりと「コツ」をつかむことができるようになります。このような形成位相を図式化位相といいます。すなわち、「いつでも思うようにできる」という段階です。

それでは、「いつでも思うようにできる」ようにするには、どうすればよいのか、自転車に乗ることで考えてみます。自転車乗りは、同じ動きをくり返し行う循環運動ですから、ペダルを１回転させせただけでは乗れたとはいいません。また、何回こいだから乗れたというものでもありません。周りの人が「乗っている」と判断するときは、バランスをとりながら自転車を操作し、なんとか前に進みながら乗っているという印象を受けたときです。本人もそのときに、乗れる感じをなんとなくつかむことになります。これが自転車乗りの発生になります。しかし、この状態ではまだ「まぐれ」で乗れたという偶発位相の状態であり、自転車を十分に乗りこなせたとはいえないのです。

そこで、子どもは乗れたうれしさに何回もくり返して乗っているうちに、「いつでも乗れる」という図式化位相の状態になり、だんだんと自由に方向を変えたり、変化に富んだ場所でも乗りこなせるようになります。このようになると、自転車を操作することにすべての意識を向けなくても、目的地に行くためにどこを通っていくかを意識するだけで十分になってきます。

6 「自在にできる」ということ

われわれがどこかに向かって歩き出すとき、手足をどのように動かすのかなど考えないのと同じです。それは実践知として「身体で知っている」とか、「身体で覚えている」といわれるように、動きを習慣化してしまったことになるのです。この動きの習慣化は、形成位相にあてはめますと、自在位相となります。

この自在位相は、「かっこよく乗ろう」とか、急に人が現れても「すぐに避けることができる」とか、後ろから人の「気配を感じる」など運動感覚意識は外側に向かって働くことがひとつの特徴になります。そのことが、情況をふまえた先読み能力として情況を的確に感じ取り、自由自在に動くことができるのです。また、ボールゲームなどではいろいろと変化する情況に、どのように対応するのかを直感しながら、同時に何のためらいもなく自由自在に動く即興的能力が備わってきます。

「身体で覚えている」という状態になるには、かなりの回数と時間をかけ、合理的な身体の動かしかたといろいろな情況に対応できるような課題を設定して、それらをくり返し行う必要があります。それが日常的によく行われる動きであれば、意識して練習しなくても、いつのまにか「身体で覚えている」という状態になっているのです。

そのように考えますと、泳ぐことも循環運動ですから、距離を泳ぐためには「身体で覚えている」という状態が必要になります。また、ボール運動の投・捕や陸上運動での走・跳などの基本的な動きも、日常的動作としてよく行われる動きですから、「身体で覚えている」という状態まで高めることができます。それだけに学校では、あらためて動きを覚えなくても、その技能をもとにゲームをすることや記録をめざす学習ができるのです。そのことが逆に、動きかたの学習に目が向かない原因になっています。

器械運動で覚える技は、非日常的な運動ですから、授業時間数のこともあり、なかなかそうはいきません。それだけに、学習指導要領に示してある、くり返したり、組み合わせたりする学習を指導計画のなかに取り入れることと、どんな動きかたになれば自在位相になれるのか、その課題を示すことが大切になります。今日、グループで集団発表がよく行われますが、これなども私の動きかたと友だちの動きかたに合わせるといったことで、図式化位相と自在位相をねらいにする動きの学習へと発展させることができます。

また、「いつでも思うようにできる」ことをめざす学習は、図式化位相を経て自在位相となり、それが原志向位相の「なじみの地平」として回帰位相を伏在させていますので、さらに、新しい技への取り組みやその準備段階につながっていきます。めあて学習の「めあて1」から「めあて2」の学習過程は、たんにマネージメント的な枠組みだけで進められるのではなく、このような動きの形成位相をもとに、動きの学習についてもう一度見なおしてみる必要があるのです。

7 技術指導の必要性について

マイネルは、運動学習でもっともたいせつな学習は、「獲得された粗形態を精形態に高めていくこと」であるといいます。そのとき、「それは指導によって、子どもの意識に働きかけ、反復練習しながらも、合目的性や経済性、また、美しさに向かって動きを改善することである」ともいいます。そのために、運動技術を身につけることは、とても大切な学習内容になります。なぜなら、運動技術は合目的性や経済性、また、美しさを身につけるために確認された運動のしかただからです。そして、技術は頭で理解するだけではいっこうに役に立ちません。身体で実際に覚えて、動きのなかにその成果が認められなければならないからです。

技術の定義はたいへんむずかしいのですが、スポーツでの技術といわれるとき、個人の動きそのものにかかわる技術とゲームなどでの対人技術や集団技術とは区別されます。ここでは、個人の動きそのものにかかわる技術を問題にします。技術は、私の「コツ」が私たちの「コツ」になったもので、だれにでも有効で客観的な「運動のしかた」を示したものです。

それだけに、動きかたを改善して「よりうまくなる」ためには、どうしても技術が必要になってくるのです。子どもができる喜びをさらに深めていくためにも、技術は教師の指導すべき内容であり、子どもにとっては覚えるべき内容になります。

そこでの技術を覚えることは、それは動きかたの「コツ」を覚えることになります。ただ漠然と運動をくり返すよりも、技術としての運動のしかたを目標に、私の動きの感じとしてコツをつかむ学習をするほうが、むだな学習をしなくてもすみます。たとえば、体力つくりや最後まで粘り強くチャレンジする力をつけさせるのであれば、技術は無視したほうがその目的に合っているからです。

「めあて学習」のように、子どもに技術ポイントを見つけさせて学習させてもよいのですが、子どもの力では限界があります。選手ですら指導者や専門誌から技術を学び、その習得に全エネルギーをかけるのです。技術ポイントはたくさんありますが、すべてを学習させなければならないかといえば、そうではありません。

１人ひとりの子どもにとって、「今、この時点で」どんな技術ポイントが必要なのかを見きわめたうえで順序立てて指導したり、選ばせたりすることが大切になってきます。子ども側に立てば、「どのような動きかたにしたいのか」、それが「わかりそうな気がする」といった自分にとって必要な技術から覚えればよいのです。

これまで技術指導が批判を受けたのは、すべての子どもに同じやりかたを、鋳型にはめるように運動のしかたを技術として強要したからです。それは、子どもの運動感覚意識や動きのかたちを見て、１人ひとりに合う技術指導をしなかったためです。

技術の学習では、子どもが「うまくなりたい」と思う気持ちと、自ら動きを改善しようとする意志が前提になります。しかし、気持ちや意志だけでは「うまく」なれません。それは、「こうしたいのだが、思うように身体が動かない」といった悩みを自分の身体で解決しなければならないからです。そこでは、今までとは違った動きかたを自らの身体で試行錯誤しながら覚えていかなければなりません。

このことは、子どもが身体を備えた主体として「どうしてもうまくいかない」というパトス的、つまり身体的な悩みの学習を強要されることになります。すなわち、「できる」という楽しさとは正反対の「うまくできない」という苦しみに身をおくことになります。しかし、もしこのような状態を避けて、楽しいことばかりを行う運動学習であれば、楽しさはたんなる経験にとどまり、「動ける身体」をつくり出すというほんとうの運動学習にはならないのです。また、体育での「生きる力」も育たないのです。

技術を身につけるということは、そう簡単なことではありません。身体で覚えようとする苦しみを試練として乗り越えたとき、はじめてより高いレベルの「動ける身体」をもつことができるのです。それによって、周りの世界や他者との関係も今とは違った新しい関係と意味が生まれてきます。

運動学習とは、「できない」から「できる」、そして、「うまくできる」から「いつでもできる」までをふくんでのことです。それだけに、むずかしい技を覚えたからよいのではなく、子どもが今、覚えたいと思っている運動の「コツ」をいかにつかむことができるかが大切になってくるのです。そして、そのコツがつかめたとき、新しい運動感覚能力が身についたことになります。

子どもがこれからスポーツと深くかかわりをもつためにも、情緒的な楽しさだけではなく、技術の習得によって「動ける身体」に出合う楽しさを学習していくことが、これからの体育にとってとても大切な内容になっていきます。

10 「コツ」の指導について考える

1 できない子どもが増えている

ここ数年、器械運動で後転や逆上がり、開脚跳びができない子どもが以前より増えてきたという話をよく聞きます。器械運動の技は、見れば「できる」「できない」がすぐにわかりますので、先生がたが感じていることはたしかでしょう。また、「できない」ことが原因となって、「器械運動は好きでない」と答える子どもも増えています。さらに、子どもを取り巻く環境の変化や運動遊びの経験の不足から、できない子どもに対して「どのように指導してよいのかわからない」という先生の声もよく聞きます。

器械運動の指導でむずかしいのは、技術ポイントを説明したとしても、「できる」ようになるための「コツ」を伝え、それを身につける指導をしなければならないことです。それは、いくら技術ポイントを頭で理解させても、「コツ」は子どもが自分の身体を動かすことでしか覚えることができないからです。また、「コツ」は個人の運動感覚能力に大きく左右されますから、子ども自身が運動感覚（キネステーゼ）の志向体験のなかで「コツ」を見つける努力をする必要がでてきます。最近の体育学習では、技能学習が軽視される傾向にありますが、この「コツ」を見つけ出す努力を抜きに技能学習は成立しません。

2「コツ」とは何か

逆上がりができなかった子どもが「先生、できた」と報告にきたとき、教師が「どうしてできるようになったの？」と聞くと、子どもは「何回もやっているうちにできるようになった」とか、「コツがわかった」などと答えます。そこで、教師が子どもの逆上がりを見ると、まだ動き自体に不安定さが残るにしても、今までできなかった逆上がりの体の引き寄せや足の振りあげがタイミングよく行われ、教師の教えたかった身体の動かしかたができるようになっています。それは、子どもが何回も試行しているうちに、逆上がりのコツをつかんだ結果なのです。

それでは、私たちが「コツをつかんだ」「コツを身につけた」というのは、どんなときなのでしょうか。コツが身につくとは、自分がやりたいと思っている運動を行っているときに、その運動の要になる「身体の動かしかた」が自分の身体でわかること、すなわち、身体が了解したことをいいます。「身体の了解」とは少しむずかしいいいかたですが、今までいくらやってもうまくできなかった動きが、身体の動かしかたの要領、力の入れかたやタイミングの取りかたなどを私の身体でつかみ、「わかった」と了解したときのことをいいます。

そして、そのコツをつかむことによって、動きかたを自分のものに会得し、やろうと思えばすぐにできる即興状態や、多少の情況の変化にも即座に対応できるようになり、コツが私の運動として動きのなかに住み込んでしまう「身体化」がおこります。この身体化された状態になると、コツを意識しなくても「何をしよう」と思う（投企）だけで、次に行おうとする動きはすべて思うようにできるようになります。

私たちが身体を使って行為をするとき、コツは欠くことのできないものになります。たとえば、私たちが行う日常のありふれた動作、歩くとか自転車に乗るなどは、とくに身体の動かしかたを意識しなくてもその動きが行えます。しかし、足にけがをした場合や乗り慣れていない自転車に乗るとき、自分の身体の動かしかたに意識が向けられ、身体をどのように動かせばよいかと、その動きに合うコツを探ろうとします。また、はじめて行うような運動や、まだうまくできない運動の場合は、「できる」ようになるためのコツを求めることになります。どうしても「できるようになりたい」との思いが強いときほど、「できる」ようになるコツを身につけたいのです。そこで、どのように身体を動かせばよいかを意識し、試行錯誤しながらそのコツを探すことになります。

私たちは、日常生活やスポーツ活動のなかでいろいろな動作をなにげなく行っていますが、これらの動作のなかにもコツがあります。そこには、コツは意識の表に顔を出すのではなく、裏側に隠れてしまっているので、いちいちコツを意識しなくても動けるようになっているのです。このことは、どんな運動でもいえます。たとえば、歩くという運動も、はじめからスタスタと歩けたわけではありません。1歳ごろに歩きかたを覚え（発生）、いろいろな情況のなかでも歩けるようにし（修正）、どこでも思うように歩けること（自動化）によって、私はいつでも、どこでも「動ける」という歩くことの習慣化が行われたのです。ふだんは歩きかたを意識しなくても、思うように歩くことができます。この意識しなくても動けることが、「運動の負担免除」といって、私たちが身につける多様で膨大な動きの習得を可能にしているのです。

つまり、コツを身につけることで、運動の負担免除の原理が働きます。負担免除とは、動くためのポイントを意識したり、動くことに特別な努力を必要とする負担から解放され、その場の情況に応じて自由に動いたりすることができることをいいます。この負担免除によって、私たちは次から次へと新しい動きかたを分化、発展させていくことが可能になっていきます。すなわち、いろいろな歩きかたや情況に応じた歩きかたができるようになり、また、何々をしながら歩いたり、他の運動と組み合わせたりすることができるようになっています。走と跳、走と投などを日常生活やスポーツ活動であたりまえのように組み合わせたり、連続して動けたりするのも、この負担免除の原理にもとづいているのです。

3　コツと運動メロディー

コツをつかんだ動きには、その動きに合った運動メロディーが生み出されます。運動メロディーは、私たちが何かの運動を行おうとするとき、その運動を行う前に先読みとして投企が行われ、そのときに運動メロディーが奏でられます。これは、運動を行おうとするときに不可欠なものになります。音楽において、いくら歌詞を知っていてもメロディーを知らなければ歌えないのと同じで、運動の手順を知っていても、その運動に特徴的な動きかたや力の入れかたなどの運動メロディーを、身体のなかで奏でることができなければ、私たちは動くことができません。

たとえば、跳び箱が跳べない子どもは、助走から着地までを先生の説明や友だちの動きを見て、運動の順番をいちおう頭で理解しています。しかし、身体で生き生きとした運動メロディーを奏でることができないために跳ぶことができないのです。

コツをつかむためには、生き生きとした運動メロディーを奏でることができる能力をもつことが必要になります。また、同時に他人の運動を見るなかに、運動メロディーが感じ取れる能力も育っていなければなりません。そのためには、実際の生き生きとした躍動感のある運動を目の前で見ることが大切になります。また、示範によって見せる場合には、運動メロディーがわかりやすく感じ取れるように、動きのアクセントを誇張して行うことが大切になります。

体育の運動学習では、いろいろな運動を体験し、そこでコツに出合い、運動を身につけ、成長していく子どもの姿があります。とくに、小学生の子どもは新しい運動を覚える機会が多いだけに、身体知としてのコツとの出合いは大人よりはるかに多く、それによって「世界に開かれた」身体をもつことができるようになるのです。

教科体育の独自性は、まさに人間としての動きの可能性を求める「動ける身体」の育成にあります。楽しい体育の名のもとに、技能面を軽視する傾向がありますが、このような身体性の教育は体育が担わなければならない内容であり、人間形成にも欠くことのできないものになります。とくに、器械運動は非日常的な運動で、まだできない運動をできるようにすることを学習の特性とします。そして、コツをつかむことによって「動ける身体」をもつ喜びを学ぶのです。それまで何度も挑戦してできなかった逆上がりが、突然「できた」と叫んで小躍りし、先生に報告にくる子どもの姿、そのコツを忘れないようにと何回も反復する子どもの姿、そこには子どもがコツと出合い、新しい身体知を獲得することができる貴重な体験の場が提供されているのです。体育における「生きる力」とは、まさにこのような運動学習の場を保障することです。それによって、人間形成にとっての本質的な体験を学ばせることができるのです。

4 コツをつかませる指導

コツのつかみかたは、人によってさまざまです。大きくは「即座の習得」と「反復による習得」に分けることができます。

「即座の習得」というのは、マイネルが「10歳前後の子どもの運動習得を特徴づけている」と表現するように、この時期の子どもは実にいろいろな新しい動きをたちどころに覚えてしまいます。この「即座の習得」は、この時期以外にも現れますが、それにいたるまでの運動感覚能力の発達が前提になります。

この運動感覚能力とは、運動を生み出す肉体の生理学的、物理学的諸条件から導き出される能力、すなわち、神経系の能力、筋力や心肺機能の能力などの運動能力のことではありません。ここでの運動感覚能力という運動能力は、今ここで「私は動ける」という私の身体に与えられた力のことで、これからやろうとする運動を先読みし、そこでどんな運動メロディーを奏でて動けばよいかを思い浮かべ、経験直下の直感として想起することができる能力をふくんでいます。すぐに運動を覚える大人や子どもは、この運動感覚能力の習得過程が極端に短縮され、やろうとしたときにすぐに「できそうな気がする」と、身体で感じ取ることができるのです。私たちも、できそうな動きはあらかじめ運動感覚的にその予感を感じ取っていることからも理解できます。

これに対して、「反復による習得」は、何回もくり返し練習し試行錯誤を経て、やっと「コツ」に出合い、それをつかみ、できるようになることです。これは、もっとも一般的な運動習得の方法ということになり、体育で運動を学習する意味がここにあります。この反復による方法も、機械的反復と内観的反復に区別されます。

「機械的反復による習得」では、失敗しても何の反省もなく、ひたすらくり返しの練習を重ね、そのなかに偶然の成功を待つというやりかたです。教師も、「できる」までは理屈をいわず、黙々と努力することが大切だとします。また、最後までやりぬく精神力なども育つと考えます。そこでの指導でかける言葉は、「がんばれ」とか「自分に負けるな」など、場合によっては、根性論などの話にもなります。

これに対して、「内観的反復による習得」は、1回1回の試技を行うなかで、運動を行う前に、行った後に自分の動きを内観することで、動きの感じをたしかめながら反復練習することです。すなわち、これからやろうとする運動に対して、何も考えずに試技の回数だけを目標にするのではなく、「こんな感じでやってみよう」とか、「もう少し早く力を入れてみよう」など、身体の動かしかたや力動的な運動メロディーの先読みをしながら行うことです。

たとえば、逆上がりを行うとき、たとえ逆上がりができなくとも、逆上がりをやったあとに自分の動きを思い出し、やろうとしたこととやったことが同じであったか、違っていたかを感じ取ることができるようにします。自分がやろうとしたことと同じようであれば、たとえ逆上がりができなくてもその動きに充実感を感じることができ、少しずつ自信をもちながらもう一度できるかどうかを試したくなります。また、違っていれば、やりかたを少し変えようと工夫をしたり、友だちや先生に新しいやりかたがないかを聞こうとします。

　このような反復のなかで、運動感覚能力が養われていくのです。そして、もう少しでコツをつかめそうな気配を身体で感じ取ることができれば、その気配を逃さないように何回も反復して、練習をやめるのが惜しくなります。ここには、精神論による反復練習ではなく、コツがつかめそうな状態になると、「できそうだ」という気配を感じる身体状態感が満ちあふれ、練習をせずにはいられなくなってくるのです。

　この「できそう」な気配を感ずることを気配体感能力といいます。「できそうな気がする」という気配を感じる能力は、私たちが運動を覚えるときに欠くことのできない能力であり、運動に対する意欲ややる気の源泉になります。これまで、この能力はあまり注目されませんでした。この気配体感能力には、もうひとつの意味があります。それは、ボールゲームなどで見えない味方や敵の動きを気配で感じ取ることです。

　今日、体育は「めあて学習」を中心に進められます。1時間の授業は、「めあて1」「めあて2」の時間に区分され、それぞれの学習段階に応じて自分に適した技を選びながら練習ができるようにします。教師は、学習指導計画に合わせて「めあて1」から「めあて2」へと時間配分をしながら授業を進めます。問題は、授業を45分と決められた枠のなかで展開しなければならないことです。時間がくれば、子どもの運動習得の状態とはかかわりなく練習をやめさせなければなりません。子どもがいくら「できそうな気がする」と感じても、「また次の時間」といって授業を打ち切ってしまいます。

　コツをつかむということは、偶然に、しかも一気に新しい動きかたを身につけることです。数量的に何かが少しずつ変化していって、運動のかたちの一部だけがつくり出され、時間経過とともに他の部分もつくり出され、全体がつくり出されるという何か物を製作するような過程を踏みません。それだけに、もう少しでコツがつかめそうな気配に、その感じを逃がすまいとして反復練習にのめり込んでいく子どもの姿を大切にすることが、コツをつかませることになり、その気配を敏感に感じとる能力も育つのです。たとえ授業の終わりが迫っていても、少し延長できるのであれば、コツと出合いつつある貴重な体験の場を子どもに保障してやることが大切になってきます。

逆に、子どものなかには、もう少しでできそうなのに、それに気づかず練習をやめてしまう子どもがいます。そのような子どもは、コツがつかめそうだという気配体感能力が育っていないのです。幼児期の子どもを見ていると、「よくも飽きずに同じ運動をくり返しするなあ」と思うことがあります。大人には簡単で単純な運動でも、子どもにとっては新しい運動であり、そのコツを探し、つかめそうな気配に夢中になっているのです。

コツをつかむためには、この気配体感能力がどうしても必要になるにもかかわらず、教師の役割は授業マネージメント的な立場が優先され、時間がくれば練習を打ち切ってしまいます。このようなシステム化された授業が、コツを身につけるのに大切な気配体感能力を徐々に低下させ、意欲のない子どもをつくってきてしまったのかもしれません。

5　すぐにできるコツの指導はあるか

すぐに「できる」ようになるコツを教える指導法はあるかと聞かれれば、そのような魔法の指導方法はないと答えるしかありません。たしかに、１回の指導でできる場合がありますが、それはすでにコツをつかむための条件がそろっている場合です。それをだれにでもあてはまるコツと勘違いして、その運動のやりかたを他のできない子どもにあてはめても、うまくいかないことのほうが多いのです。

前にも述べましたが、コツとの出合いは、偶然に、しかも一気にまるごと動きかたが生み出されます。すなわち、運動のはじめから終わりまでの運動メロディーをまるごと体験するのです。それだけに、なぜできたかわからないまま、「まぐれ」でできることもよくあります。また、一度できたのにできなくなってしまうこともよくあります。コツはまだ不確実で、まだまだ頼りないものなのです。それを言葉で表すこともできません。しかし、できなかった運動が成功したわけですから、そこにコツがあったことと「私の運動」として行われたことは疑いようのない事実なのです。それだけに、コツをはっきりとつかむために、何回もくり返し練習をすることになります。そのことは、他人が代わってやることはできませんから、身体化のためにも自分の身体を動かしてつかむしかありません。

コツは、偶発的に、他人から見ると秘密のベールに包まれた状態で出現するわけで、本人にしかわからないものです。そうなると、コツを伝え、教える方法はないのかということになります。たしかに、コツは自分でつかむものですが、コツをつかむために手助けをすることはいくらでもできます。それは、コツをつかむための運動感覚能力を育てる条件づくりをしてやることです。

器械運動や水泳では補助が問題になりますが、補助も子どもがコツをつかむための手助けをしているのです。逆上がりや跳び箱の補助は、コツを教えているのではなく、どのように動くかの動きかたの手助け(逆上がりの場合、腰を持ちあげて鉄棒の上にあげてやる。跳び箱の場合、腕を支えて跳び越させてやる)をして、身体の動かしかたや力の入れかたなどの感じがわかり、コツがつかめるようにしているのです。それによって、「こんな感じでやればできそうだ」と運動感覚能力が少しずつ育っていきます。

子どもは、補助されることによってできたとしても、自分でできたとは思っていません。補助をしてもらっているなかで、子どもが自分の身体で「できそうだ」と感じ、なんとなく「こんな感じでやってみよう」と運動メロディーを奏でることができないとコツはつかむことができません。それだけに、ただ補助をすればよいのではなく、子どもの動きに共感し、「今の感じはどうだった」とか「今の動きはよかった」などと、内観力を引き出すようにします。また、動きのアナロゴン（類似した動き）による指導も、コツをつかませるための運動感覚能力を育てる大切な条件づくりになります。

これまで私たちは、子どもの運動感覚能力をよく観察しないで、たんにやさしい運動からむずかしい運動へ、単純な運動から複雑な運動へと配列された学習カードなどをもちいて指導することが多くありました。また、今日の新しい評価は、目標に準拠した評価と個人内評価によりますから、評価のための資料として、学習カードによる授業が一般化してきています。このような学習カードは、子どもたちに自主的・自発的な学習を促すことと、段階的に学習を積むことでコツをつかませようとして作成されたものです。

しかし、この学習カードだけをもちいて、ほんとうに子どもにコツをつかませることができるのでしょうか。大事なことは、今、逆上がりに取り組んでいる子どもに、どんな運動感覚能力が欠落しているのか、それに類似した運動（アナロゴン）を探し、経験させることで、欠落している運動メロディーが奏でられるように手助けしてやることです。

たとえば、鉄棒運動で、逆さになる感覚がなく、頭を後ろに倒した瞬間に体の力を抜いてしまう子どもがいます。このような子どもには、足抜き回りの経験からはじめなくてはならないでしょう。足を振りあげるときに体が反ってしまう子どもには、屈腕懸垂でぶら下がり、膝を胸のほうに引きつけて足たたきをして、鉄棒に体を引きつける力の入れかたがわかるようにします。また、〈腹かけ懸垂（ふとんほし）↓前後振動↓起きあがり支持〉などを経験させておくことも必要になります。このような運動と補助とを併用することで効果が出てきます。

いろいろな動きのアナロゴンをできるだけ多く経験させておくことは、けっしてむだではありません。学習の効率性からは、教師が今、その子どもに合ったアナロゴンを選び取ってやることも必要になります。それによって、子どもがいろいろなアナロゴンから動きの感じを自分の身体のなかで統覚し、「わかるような気がする」と運動メロディーを奏でることができるようになるのです。いろいろな動きの感じを統覚して、最後にコツがつかめるようにするには、どうしても子ども自身の力に任せるしかありません。

コツをつかむということは、それ自体が体育における自ら学び、自ら考える力なのです。コツをつかむために反復して練習することは必要なのですが、機械的反復ではなく、1回1回に動きの感じを手探りしながら、内観的反復のできる条件を整えてやることが教師としての指導になります。体育学習におけるマネージメント的管理学習は、授業を成立させるために欠くことはできません。しかし、コツをつかむための動きの学習をもっと取り入れることによって、子どもにとってもっと楽しい体育の授業になっていくはずです。

6 動きの学習と教材研究

「コツ」を覚えさせるひとつの方法としては、何回もくり返して覚える方法があります。指導場面ではよく「回数をかけろ」といわれます。回数をかけることは大切なことですが、動きを鋳型にはめ込むようにして覚えさせると、あとで修正したり、新しい技術をみにつけたり、情況に応じた動きができないという問題が出てきます。また、「やらされている」という感じが強くなり、少年スポーツなどによく見られる勝利至上主義的な指導におちいりやすくなります。

これからの体育は、子どもの自らの意志で「やりたい」という気持ちが湧きおこるようにさせ、キネステーゼ志向性による「わかるような気がする」という学習段階を大切にする授業が求められてきます。そこでは、動きの情報を子どもの覚えつつある姿に、どのように合わせて与えてやるかがもっとも重要な課題になります。そのためにも、動きのアナロゴンによる下位教材や基礎技能、予備的運動、系統的・段階的な学習内容を十分に検討して、「めあて学習」のなかで生かせるように教材研究をしていかなければなりません。

もうひとつ大切なことは、子どもの自己観察の内観報告をもとに、教師と子どもが対話をすることです。それによって、自分の身体の動きの変化に気づき、「こんな感じがわかった」「もっとやってみたい」と能動的な学びかたに転換させることができます。

このような、「わかるような気がする」「できるような気がする」という学習を大切にする運動指導の研究は、まだまだはじまったばかりです。しかも、目の前にいる子どもの覚えつつある姿に共感できるのは、現場の先生しかできないことなのです。

11 動きの学習と教師の指導性

1 なぜ動きの学習が大切にされないのか

多くの研究会では、学習指導計画やその授業の進めかた、そこでの教師のかかわりかたなど、授業マネージメント的なことを中心に活発な討議が行われます。しかし、子どもが「できる」ようになる動きかたの学習とその指導については、技術的なポイントの与えかたとその学習の場づくりなどが問題にされるぐらいで、あまり議論されません。

このような研究成果を、いくら子どもの自発的・自主的な学習として授業で取りあげても、動きを覚えるための学習にはなかなか結びつきません。そこには、子どもがどのようにして動きを覚えていくかという、動きの発生にかかわる運動理論が欠落しているからです。

動きかたの学習に対する問題意識が希薄な理由として、小学校の先生が、体育やスポーツ指導の専門家でないこと、また、自分が上手にできないから指導にも自信がないといったことなどがあげられます。体育が苦手という理由で、名ばかりの授業になっても困ります。

今日の体育の特徴として、どの先生にも子どもが楽しめる体育を実践してもらうために、子どもの「めあて」のもたせかたとか、みんなで仲よく、夢中に体を動かすことで楽しさが味わえるような体育の授業が研究されています。たしかに、そのような授業は、教師主導で画一的な一斉型の体育授業とくらべれば、子どもにとっては楽しい授業になることは間違いありません。

これまで楽しくない体育の原因のひとつとして、技能中心の教え込みが、できない子どもに劣等感を抱かせ、いくら努力してもできる喜びを味わえないことが体育嫌いや運動嫌いをつくり出しているとの批判がありました。教師主導型の鋳型的な技能学習では、運動の楽しさを味わわせるという観点や「できない」子どもにとって多くの問題をはらんでいたことは事実です。だからといって、動きの学習を軽視してよいということにはなりません。

これまでの動きの学習は、人間の運動を「もの」として扱う精密科学的な運動分析によって、運動のメカニズムがわかれば、それにもとづく指導が科学的な運動学習になると信じて行ってきました。しかし、子どもが運動を覚えたり、動きのかたちを発生させたりすることは、このような科学的理論から導き出された方法論にしたがって動きがつくり出されるわけではありません。それは、主体による〈自ら動くことができる〉という自己運動によって、「できるようになりたい」という意志を基盤にして、「やりたい」のだが「上手にできない」といった動きのパトス（悩みや苦しみ）的世界のなかで、いかに動きかたを身につけていくかということによってつくり出されていくのです。

それだけに、子どもの運動感覚意識に働きかけて、動きのかたちを生み出すための運動感覚能力をいかに育てるかということが大きな問題となってくるのです。

2 体育に欠かせない動きの学習

体育が生涯スポーツを重視することは、今後とも変わりはないでしょう。そうなると、体育の目標は、子どもの運動プレー欲求を満たすことと、多様な個人的特質を生かしながら主体的にスポーツを実践できる能力を育てるということになります。

このスポーツ実践能力は、各運動種目の効果的特性とか構造的特性からの技能、体力、知識といった要素的な能力ではなく、生涯スポーツに求められる運動のプレー性を楽しむための総合的な能力をさします。しかし、このような実践能力は、たんに運動の楽しさを経験させるだけでは育てることができません。そこで、運動の楽しみかたを単元を通して学習できるようにします。そして、そこに生じるいろいろな課題を自分の力に応じて解決できるようにすることで、生涯スポーツに生きる実践的能力を育てようとするのです。

しかし、このような実践的能力を育てるにしても、具体的な運動遊びや各種のスポーツが身体的活動を基盤にそのプレー性が成り立っていることを考えますと、そこでの身体的活動、すなわち、プレーのなかで求められる身体の動かしかたをどうしても問題にしないわけにはいきません。なぜなら、この身体の動かしかたが、プレー性と不可分に結びついて、プレー自体のありかたを規定しているからです。当然のことですが、サッカーは足でのパスやドリブル、シュート、水泳は泳ぐこと、器械運動では、それぞれの種目の技ができるようになることで楽しさが成立します。そこには、どうしてもそれらの運動ができるようになるための運動感覚能力を育てる動きかたの学習が基盤にならなければならないのです。

子どもはプレーに熱中して楽しんでいるように見えても、「できない」「できるけど上手にできない」「失敗したらどうしよう」などいろいろな悩みをもちながらプレーしているものです。ゲームをするのも楽しいが、もう少し「できる」ようになる練習をしたい、「もっと自信をもってから」と思っている子どもも多くいるはずです。

ゲームを中心に学習を進めることは、プレー欲求を満足させますから、子どもも楽しいと感じて一生懸命取り組みます。教師も技能的なことはそれによって伸びると思っています。

たしかに、子どもはプレー内容とその技能レベルが合っている場合、ゲームのなかでいろいろな情況に応じた技能を身につけることができるようになります。しかし、１人ひとりをよく見ると、ゲームのなかで動きかたが思うようにいかなかったり、失敗ばかりをくり返す子どももいるのです。

どの子にも運動の楽しさを味わわせるために、自分に合った「めあて」をもたせて自発的な学習ができるようにしなければなりません。しかし、ほんとうに子どもの「めあて」が達成できるように学習を保障し、指導をしているのかどうか、もう一度、授業を見なおしてみる必要があります。

個を大切にする体育といっても、「楽しさ」という言葉を隠れ蓑にして、すべての子どもの運動感覚能力を育てることに目を向けずに指導をしてきたのではないでしょうか。そこには、楽しんでいるうちに、「いつかできるようになるだろう」と楽観的に考え、できない子どもや上手にできなくて悩んでいる子どもに対して適切な指導をしてこなかったのではないでしょうか。そのことが、ある意味では二極化を助長してきたといえます。

3 動きの学習と教師の指導性

子どもが「できるようになりたい」と思う切迫感に対して、教師が切迫感をもって応えることで、教育としての「教える―覚える」というもっとも大切な関係が成り立ちます。医者と患者の治療行為が、よく例に出されます。患者は、今の苦しみを治してもらいたいために診察を受けるのです。そこには、なんとか苦しみを和らげ、治療しようとする医者の切迫感が必要になります。もしも、「日が経てば治るから」と何もしなければ、医者として信用されないでしょう。たしかに、あとで後遺症が出るような治療は問題がありますが、現在の苦痛と先のことを考えて、どんな治療をするのかが医者の腕前になります。そこに、医者と患者のあいだの信頼関係が成り立ちます。

このことは、体育での動きの指導にもまったく同じことがいえるのです。体育の授業でも、スポーツを楽しむためにできなくて悩んでいる子どもに、切迫感をもって指導することが必要になります。同時にスポーツの愛好的態度やフェアープレーの精神、友だちとの強調性なども育てることになります。技能学習が先か、運動の楽しさが先かの論議は、スポーツのプレー性がお互いを規定し合っているため、どちらも大切なものです。子どもの今の姿や、今の学習経験などの違いによって、どちらに重点をおいて指導するかの問題なのです。

個を大切にする学習指導のモデルとして「めあて学習」が提案されました。しかし、この「めあて1」から「めあて2」へと進める学習指導計画は、1人ひとりの子どもの顔が見えてこない計画案であると指摘されることがあります。それは、具体的な学習内容の焦点化をしないまま、楽しさという抽象的な学習で終わってしまっていることが少なくないからです。

たしかに、楽しみかたの学習として学習態度や活動のしかたをどのように学ばせるかは、体育の授業での基本的なことになります。それは、どの教科でも同じで、学びかたは教育活動全体を通して、また、学級経営などで指導しなければならないものです。体育で学習する運動やスポーツの楽しさは、身体的活動を基盤にしたプレー性によって成立しています。そのプレーのなかで、動きかたの「できる」「できない」がプレー自体の楽しさを規定していることを考えますと、ボール運動ではボールを投げたり、受けたりすることができなければ、プレーそのものが成立しないので楽しくはありません。現実に、そのような子どももいます。そのためにも、動きかたの学習に焦点をあてることによって、子どもの思いや悩みがわかり、１人ひとりの顔が見える指導ができるようになるのではないでしょうか。

この動きかたの指導を強調することは、古い技能中心主義の体育と思い込んでいる先生もまだ多くおられます。体育科教育関係の論文にも、自発的・主体的な楽しい体育として、そのような論調で書かれることもあったからです。

この動きかたの学習が、これまでのように教師側から一方的に要求する技能学習でないことは、ここで述べてきた現象学的・人間学的運動理論の動きの発生理論を理解してもらえればわかることと思います。

すなわち、ここでの「できる」ようになるということは、メルロ・ポンティのいう「身体性」、つまり、「世界でのかかわりのなかでいつも私とともにあるような身体」を問題にしての動きの学習のことです。子どもが動きかたを学ぶことで、「動ける身体」をもつ喜びを感じ取り、それによって、生涯スポーツにおいても「身体との対話」を中心に、豊かな運動とのかかわりが、つねにもてるようになっていくのです。

そうなりますと、体育の授業では、子どもの運動発達や学習の適時性、運動の機能的特性や動きの類型学的な観点から、学習させたい運動遊びやスポーツを学習内容にして動きの学習をすることになります。そこで、すでに身につけている動きをより上手にしたり、友だちと協力していろいろな情況のなかでも使えるように、動きかたの学習が当然必要になってきます。また、新しく覚えなければならない動きも出てくるでしょう。

スポーツを楽しむためには、どの子どもにも動きかたを覚えることの意味と価値がそれぞれにあります。そこに、学校体育における運動学習の必要性が出てくるのです。そのとき、教師は子どもに「何を」「どのように」学習すればよいかを明らかにすることや、動きかたについて適切な指導をすることが体育授業での基本的な指導内容になります。

このような身体性の学習は、教師と子ども、また、子どもどうしのなかで動きかたを覚え、教えていくことによって成立しますから、学校教育としての体育科の独自性が十分主張できる根拠になります。

4　人間形成の契機を提供する動きの学習

これまで、体育での動きの学習について考えてきました。ここでの運動学の理論的根拠になるものは、金子によって構築された発生運動学による新しい運動理論がもとになっています。

「運動学習が主題となるところでは、子どもの〈コツ〉と感性で共振できる教師こそ、人間形成に深くかかわる機会が与えられている」として、「子どもが運動を習得したいと願いながらも、『やろうとしてもできない』とき、教師はその痛みを放置する苦しみに堪えられない切迫性として実感しなければならない。そこでは、ひとつの苦痛によって結ばれた教師・子どもの共同体が共通の苦痛を和らげるために試みる共同の努力こそが人間形成の教育にふさわしい運動学習の姿ではなかろうか。『やろう』として『できない』子どもを『能力がない』と言って叱りとばし、『やろうとしてもできない』子どもを『できようとしない』と言って怠け者扱いにするのは、人間形成の貴重な契機を提供している運動発生の本質的構造から目を外らしたものと言うしかあるまい」という主張は、体育にかぎらず、教育の基本的な考えかたを示しているといってよいでしょう。

われわれ教師も、かつては動きを覚える立場にありました。運動が得意、不得意の問題ではなく、まず、できないで悩んでいる子どもの気持ちがもっともよく理解できる教師にならなければなりません。そうなることによって、子どもが「動ける身体」をもつ喜びを共に感じることができるようになります。体育での「生きる力」を育てるということは、このようなところからはじまるのではないでしょうか。

第4章

「体つくり運動」と身体性の学習

1 「体つくり運動」を考える

1 心と体の一体化が求められる理由

学習指導要領では、教科目標のなかに「心と体を一体としてとらえ」という言葉が新たに加えられました。このことは、これまでの体育が運動を楽しむことや体力を高めることを中心にした学習に「心の問題」、とくに、豊かな人間性を育てることをねらいにおく体育学習の重要性を示したものといえます。

学習指導要領では、従来の体操領域を「体つくり運動」に名称を変更して、内容も「体ほぐしの運動」を加えました。これは、たんなる名称変更にとどまるものではありません。子どもが現在おかれている情況から、子どもの健康や体力をはじめとして、運動遊びやスポーツによる仲間とのコミュニケーションなど、生きる力に求められる身体能力をいかに育てるかといった、新たな問題意識にもとづく体育のありかたが問われてきたことによります。

「体つくり運動」に名称を変更するにいたった背景には、いくつかの理由があります。もっとも大きな理由は、今日の子どもの体にかかわってのさまざまな問題がクローズアップされてきたことです。これまでも体育は、運動に親しむことと体力の向上をねらいに、他の教科では取りあげない身体活動を学習内容にして、学校教育のなかで子どもの健全なる心身の発達と育成に大きな役割を果たしてきました。しかし、ここ数年来、子どもを取り巻く環境の変化が心や体にいろいろな影響を及ぼし、心身の発達にも大きな問題が生じているとの指摘がなされるようになりました。

最近の子どもの特徴的な傾向としては、活発に運動する子どもとそうでない子どもに二極化していることがあげられます。この二極化は、たんに運動が「できる」「できない」とか、体力が「ある」「ない」などの問題にとどまらず、身体活動による自己や他者との関係、仲間や環境へのかかわりかたなど、心の問題をふくんだ身体活動それ自体のありかたが問題として浮かびあがってきたことによります。

この章では、学習指導要領の「体つくり運動」領域にかかわる内容ですので、「からだ」は共通表記である「体」をもちいることにします。

2 二極化する子どもの問題

子どものスポーツへの関心や活動への参加は、年々高まりを見せていますが、その一方、運動に親しむことができない子どもの健康や体力の問題が取りあげられるようにもなってきました。とくに、活発に運動しない子どものなかには、体を動かすことを好まなかったり、日常動作の身のこなしや運動場面での基本動作がぎこちなかったり、自分の健康や体力に関心がなく、必要感をもっていないことなどがあげられます。子どもたちに、今、もっともしたいことは何かと聞くと、「何も考えないでゆっくりしたい」「何々をしなさいといわれないで、自分の好きなことがしたい」などと述べる子どもが少なくはありません。

また、仲間との関係においても「2、3人の仲間とならば遊べるが、人数が多くなるとどのように遊んでよいのかわからない」など、スポーツや運動場面でも仲間とのかかわりがうまくできないでいます。さらに、いじめに見られるように、集団遊びがいじめ遊びに変質し、仲間の体を「人の体」として理解できず、相手の痛みや苦しみを感じ取ることができないなど、体や心に関する問題が多く見られるようになってきました。そこで、自分の体のことがわかり、相手の体や気持ちがわかりあえる人間関係、仲間と共に楽しめる身体活動などを体ほぐしの運動によって体験的に学ばせる必要が出てきたのです。

技能的に見ても、高学年になってもボールがうまく投げられない子どもや、鉄棒にぶら下がって何もできない子ども、水になじめない子どもなど、運動を苦手とする子どもが多くなってきています。このような問題をかかえている子どもは、運動発達のもっとも大切な幼児期に、適切な運動遊びを経験しなかったり、変化に富んだ環境のなかで仲間と十分に遊ぶ機会が少なかったりすることが原因となって、運動遊びで育つ調和のとれた心と体の発達が未熟なままの状態であると考えられます。

一方、活発に運動する子どもにも問題がないというわけではありません。今日の少年スポーツのなかには、専門的なトレーニングの早期化により、いろいろな運動障害に悩まされている子どもやバーンアウト現象で、中学校になるとスポーツに意欲を示さない子どもが増えてきているといわれています。また、スポーツ・クラブで活躍している子どもにも、自分の専門の種目は高い技能をもっているのですが、いろいろな運動種目ができるかといえばそうではなく、運動技能に偏りが見られます。たとえば、サッカーは得意だが、鉄棒運動や水泳はだめという子どもも少なくないのです。とくに、中学校からは、選択制授業の実施により、不得意な種目や嫌な種目は行わなくてもよくなります。それだけに、将来においていろいろなスポーツを楽しむためにも、小学校段階では基礎的な技能を身につけておくことが必要になってきます。

二極化現象は、子どもの健康や体力、さらに、生涯スポーツの観点からもきわめて大きな問題をはらんでいます。それだけに、学校体育において各種目の基礎的な技能を身につけておくことは、将来いろいろなスポーツを楽しむためにも必要なのです。

3 「体つくり運動」の考えかたとありかた

「体つくり運動」は、これまでの中心的内容であった体力を高める運動の学習に加え、「体ほぐしの運動」の内容が取り入れたことによって、その性格を体育に関する知識や保健と関連づけながら広い意味での「体についての学習」として位置づけることができます。この場合の「体」とは、心と体の統一体としての体のことであって、たんに生理学的な意味だけでの体ではありません。「体つくり運動」によって、健康や体力の必要性を学ぶことはもちろんのことですが、子どもの現状を考えれば、いろいろな手軽な運動や律動的な運動を行うことによって、体を動かす楽しさや心地よさ、動きの律動感などを味わい、感じ取ることで、自分や仲間の体や心の状態に気づき、体の調子を整え、仲間と豊かに交流することの大切さも同時に学ぶことができるようにします。

また、いろいろなスポーツ種目は、その種目固有の動きかたとルールをもっています。運動を楽しむためには、そこでの動きかたは自らの力で身につけておく必要があります。たしかに、技能を身につけるためには、それに必要な体力が求められます。しかし、体を動かすことを好まない子どもや基本的動作ができていない子どもに対しては、まず、動くことの楽しさや動きをまねたいと思う運動衝動が湧きおこるようにすることからはじめなければなりません。

このように考えますと、「体つくり運動」の内容に示された、「体ほぐしの運動」の考えかたは、これからの新しい体育学習のありかたを示しています。それは、心と体が一体となって運動を楽しむ学習を体験させることによって、活発に運動しない子どもにまず運動になじませる、「なじみの地平」を保障しようとしたことです。

「体ほぐしの運動」は、小学校低・中学年では基本の運動のなかに生かされています。また、小学校高学年から高等学校までは「体つくり運動」としてすべての子どもに履修させることになります、さらに、各運動領域においても「体ほぐしの運動」との関連をはかって指導することが求められています。

このことから「体ほぐしの運動」は、心と体が一体となるような運動の体験や行いかたを学習として位置づけ、それを基盤にして体力づくりや各運動領域の運動の楽しみかたへと学習が発展できるようにしていきます。

4　体つくり運動の特性

「体つくり運動」の特性は、従来の体操領域と同じように、機能的特性の必要の充足だけでとらえることはできません。それは、「体力を高めるための運動」は必要の充足としても、「体ほぐしの運動」は体を動かすことの楽しさや心地よさを運動に求めるわけですから、欲求の充足ということになります。しかし、欲求の充足としての競争型、克服型、達成型あるいは模倣型といった分類ではなく、自分で運動することや仲間と一緒に運動することに楽しさを求める運動として特徴づけることができます。

「体力を高めるための運動」は、従来どおり、子どもの体力の向上をねらいにして行われる運動です。それは、「体の柔らかさおよび巧みな動きを高めるための運動」と「力強い動きおよび動きを持続する能力を高めるための運動」という2つの目的をもった運動で構成されます。これらの運動は、直接的に体力を高めるためにつくられた運動であり、自己の体力を高めることにねらいをもって運動するところに他の運動との基本的な違いがあります。

現在では、「体ほぐしの運動」に注目が集まっていますが、「体力を高めるための運動」は、「体つくり運動」領域の中心的な内容であり、これまで以上に重視されなければならないでしょう。とくに、今日の子どもたちの現状を考えれば、子どもの体をいかに育てるかは、これからの体育の課せられた重要課題になります。

そのためには、小学校では主として体の柔らかさと巧みな動きを高めること、中学校では主として動きを持続する能力を高める運動に重点をおいて、調和のとれた体力を高める指導が求められています。これは、子どもの発達段階に応じた体力の向上をはかるうえでの内容の重点化によるものであり、他の体力の内容を指導しなくてよいというわけではなく、すべての学年で適切に指導することになります。

２「体ほぐしの運動」を考える

１　体ほぐしの運動に期待されるもの

これまでの学校体育は、「運動に親しむこと」と「体力の向上をめざすこと」を主たる学習内容としてきました。しかし、体ほぐしの運動は、技能や体力の向上を直接の目的にしないで「体への気づき」「体の調子」「仲間との交流」などの内面的な意識の変容に焦点化して、だれにでもできる運動内容で授業を構成しようとするところに特徴があります。

体を動かす楽しさや仲間と協力することは、これまでの体育でも重要なねらいとして、評価項目にも取り入れられています。また、従来から体ほぐし的な運動は、準備運動や導入運動の段階で行われてきたことも事実です。しかし、心と体がより一体となる観点を重視して、子どもの体や運動に対する感じや気持ちを中心に、子どもの内面の意識変容に焦点を当てる学習は、これまでにない新しい体育の考えかたとして学校現場からも注目が集まっています。

しかし、現場では、このような体ほぐしの運動の考えかたに対して理解はできるが、たんなる運動遊びだけで終わってしまうのではないか、ねらいを達成するための学習の流れや指導の観点がわかりにくいなど、疑問の声も多くあります。また、ねらいに対しても、「仲間との交流」は運動遊び自体にその要素があるのでわかりやすいが、「体への気づき」や「体の調整」となると、どんな運動でどのようなことに気づかせればよいのか、どんなことができれば体の調整というのかわかりにくいのではないかといわれることもあります。

たしかに、これまでの体育は、自分の体や仲間の体に意識を向けたり、動きかたの感じを意識したりすること（動きの感情）について、あまり重視して指導することはしてきませんでした。それだけに、これまでの体育がめざした心身ともに健康でたくましい体を育成する体育のありかたに対して、新しい身体観とその指導性が求められているのです。

2 心と体が一体の意識を育てる

体ほぐしの授業では、だれもができそうな運動をペアやグループで行うことを中心に内容を構成します。そこでまず、子どもが仲間と一緒に夢中になって運動することができれば、はじめのねらいは達成できたと考えてよいでしょう。しかし、それだけで終わると遊びやレクリエーションとなんら変わるところはなくなってしまいます。体ほぐしの運動では、自分や仲間の動きに意識が向けられて、そこで何かに気づくことで学習の意味が出てきます。

仲間との交流では、運動の楽しさが自分と仲間とのかかわりのなかでつくり出されてくるようにします。

タッチ＆エスケープ：前の人の背中に手を当て、手が離れないようについていく。瞬時に動く能力や相手の気配を感じ取る能力。

そして、自分の動きが仲間の動きとかかわって、生かされていくなかに、はじめて運動の楽しさが味わえることに気づくようになります。ここでは、「めあて学習」のように技能の向上や課題解決による学習の深まりを求めるのではなく、運動しているときの自分の身体状態感を内側から意識することによって、それをもとに相手の気持ちを考えたり、相手の動きかたに共感したりする力を育てようとします。

この力は、今までのような技能学習のように「できる」「できない」の二者択一的な基準で、外側から評価するような能力ではありません。むしろ、子どもが自分の体を動かすことで感じる心地よさや、動きの違和感など、動きに対する感情が意識できるようにすることです。そして、自分が何を目的にしてどんな動きかたをしたのかなど、自分の内側から感じ取ることができる運動感覚意識を育てることになります。それによって、「自分や仲間の体の状態に気づく」ことや「体の調子を整える」ことのできる力

風船バレー：風船の動きに合わせて動くことと友達の動きに合わせる能力。

が育っていきます。

「体の状態に気づく」ことは、なにげなしに行っている運動でも自分の運動感覚意識を働かせば、いろいろなことに気づくはずです。たとえば、ペアでのストレッチでは、柔軟性だけが問題にされるのではなく、筋肉を伸ばすことの気持ちよさやどの筋肉が伸ばされているのか、どの部分が固くてどの部分が柔らかいのかなど、さらに、仲間の体とくらべてその違いに気づくことで自分の体の特徴を知ることができます。

「体の調子を整える」ということは、自分の動きかたに意識を向けることです。それは、動くことの心地よさを感じたり、うまくいくときには、動きにリズム化が生じること、タイミングよく力を入れると楽にできること、仲間とタイミングがうまく合わせると一体化が感じられることに気づくことです。そのことが、体への快感情の源になっていることがわかれば、そのような動きの心地よ

（上）みんなでなわとび：友達の跳ぶリズムに合わせて、動きの共鳴能力。
（下）跳び箱からの空中じゃんけん：ジャンプのときの空中でのポーズ、着地の態勢を先読みする能力。

さを求めることで、調子のよい動きかたを工夫することができるようになったり、ストレスやイライラの解消にも役立てることができることを体験できるのです。

また、「体の調子を整える」ことは、スポーツ運動のなかでも行われているのですが、その場合、スポーツは明確な行為目的をもっていますので、目的に対する結果によって動きかたの善し悪しが判断されます。しかし、体ほぐしでは、「今・ここ」での自分の身体状態感を基準に、動きの感じなど自分の調子の善し悪しを判断することになります。

このように、体の状態に気づくことや体の調子を知ることは、「自分の身体と対話をしたり、仲間の身体や動きに共感したりする」ことの能力なのです。この能力が動きの修正や新しい運動を身につけるとき、さらに、仲間の動きや情況に応じて運動するときの基盤になるので、運動学習にはどうしても育てておきたい能力になります。

このような能力は、たんに知識として頭で理解するだけでは育ちませんので、いろいろな情況のなかで、仲間や物、自然に対して自分の体を実際に動かすなかに運動内観によって気づくようにしなければなりません。それが、身体的感性や動きの感性を育てることになるのです。

体と心のバランスをくずしている今日の子どもに、このような感性をいかに育てていくことができるかが、体育に問われているのです。体ほぐしの運動もこのような視点をもって学習を進めれば、新しい心と体の教育として体育がその核になる可能性をもっています。

3 「動ける身体」と「心」を育てる体育

体ほぐしのねらいは、動く楽しさや心地よさを体験するなかに自分や仲間の体のことや運動が心と体にかかわっていることを子どもの内側へ意識を向けることで考えさせようとするものです。そのためには、自分の身体を外から見られる「もの」してとらえる対象身体ではなく、自らの意志と意図によって自分の身体を動かしている「生きられた身体」としてとらえることです。それだけに、動ける身体をもつことの大切さがわかるようにしなければなりません。

哲学者である中村雄二郎は、身体について「主観（見えるもの）と対象（見られるもの）に2分する二元論では、身体は対象（見るもの）の側に入れられ、もっぱら見られる対象として取り扱われる」として、身体は物体の一部として分割されうるのも、要素部分から組み立てられる一種の機械とみなす考えかたが今日でも根強く残っているといいます。体育でも、このような考えかたにもとづく指導がまだまだ多く見られ、子どもの身体も物体と見なして知らず知らずに教えていることがあります。

そのような例として、子どもの運動を「もの」として外側から観察し、その計測可能な運動要因だけを指導内容にすることがよくあります。たとえば、50メートル走で時間だけを目標に体力要因による指導をしたり、逆上がりで筋力が足りないからといって、腕立て伏せをさせたりすることです。しかし、それだけをいくら指導してみても、動きそのものに目を向けないかぎり、動きのかたちを発生させたり、よりよい動きに変化させたりすることにはなかなか結びつきません。

子どもが運動するためには、その運動が「こんな感じでやればできそうだ」と感じ取れる運動感覚をもつようにしなければなりません。これを運動感覚的身体、あるいはキネステーゼ的身体といいます。この運動感覚という言葉は、運動と感覚の合成したものですが、それは、皮膚によって閉ざされた生理的な運動感覚ではなく、その境界を越えた範囲の広がりをもって、「身体性」の動きの世界を可能にするシステムの意味で使われます。

たとえば、杖をついて歩くときのことを考えてみましょう。生理的な運動感覚は手のひらで終わっていて、物体としての杖にはないはずです。しかし、実際にはわれわれの運動感覚は杖の先まで広がり、その先から地面の状態や周りの情況の情報を得ているのです。このことは、杖は運動する人間の身体そのものに組み込まれ、自分の思いのままに扱うと同時に、身体の一部になっているのです。このように人間の身体は、世界に対して働きかけ、また、働きかけられることによって、具体的な実践の場面で身体を生き生きと働かせることができるのです。

これは、日常的なことにかぎったことではありません。むしろ、スポーツの世界で重要な意味をもってきます。むずかしそうな運動でも、自分の身体を思いのままに動かせたり、用具を自由に操ることができたり、他人の動きに対応して適切に動くことができることなどは、そのような動きを保障してくれるのは運動感覚的身体の働きによるものなのです。

そうなると、この運動感覚的身体をどのように育てるのかという問題が出てきます。運動感覚というものは、けっして動きを絶縁的に分割して身につけられるものではありません。いろいろな運動を、いろいろな条件のもとで、ひとつのまとまりのある動きとして動くことで、運動感覚的身体が豊かに拡大していくのです。運動をするとき「できそうな気がしない」と感じるのは、これまでの運動経験のなかから運動感覚意識が呼びおこされないか、その運動に対する運動感覚能力をもっていないことによります。今日の子どもの体力や運動能力の低下、運動機会の減少、二極化現象も運動感覚的身体の貧困さが関係していると考えられます。そのことが、体育の指導をむずかしくしているのです。

学校体育で育てる体は、心と体が一体となる体であるとすれば、「対象としての身体」ではなく、メルロ・ポンティのいう「現象身体」を問題にしなければなりません。この身体は、自分の身体で「ここ」をとらえ、他のものを自分の「ここ」との関係のなかで「そこ」を選び出し、自分の感覚にもとづく時間や空間のなかで運動をする「生きられた身体」なのです。すなわち、私の身体を起点にして、どんな運動をどのようにするのかは、運動感覚的身体に支えられてのことなのです。

今日の子どもの体の危機的な情況に対応するには、子どもの運動感覚的身体をいかに豊かに育てることができるかにかかってきます。そして、体ほぐしの運動が、人間として失ってはいけない豊かな身体と間身体性にもとづく仲間づくりなどに対して大きな意味と価値をもっているのです。

4　体ほぐしの運動による身体状態感や運動感

「体ほぐしの運動」は、スポーツ種目のようにそれぞれの固有の動きかたをもち、決められたルールがないだけに、どんな運動をどのように行うのかが問題になってきます。また、体力や技能の向上を直接的なねらいとしないことも大きな特徴になってきますから、精神的な負担がかからないで、だれもが楽しめる運動で構成しなければなりません。

とくに、体を動かすことを好まない子どもや基本的動作ができていない子どもに対しては、まず、体を動かすことの楽しさや心地よさを体験する機会を多くもたせ、さらに、仲間と一緒に運動することによって運動に対する意欲が高まるようにします。そして、体力つくりや各種の運動を楽しむことのできる学習へと発展させていくことができるようにするのです。

「体ほぐしの運動」で大切なことは、これまでの体育が期待してきた体力や技能を高めるといった右肩上がり的な学習効果を前面に出して指導するのではないということです。自分が体を動かすことや、仲間と一緒に運動する楽しさや心地よさを味わうことをじっくりと体験できるようにします。それによって、自分や仲間がどんな楽しさや心地よさを感じることができるのかを意識できるようにするのです。

運動するときの楽しさや心地よさといっても、観念的なものから具体的に体で感じるレベルまで、その感じかたは個人によっていろいろと異なってきます。それだけに、運動するときの楽しさや心地よさを実際に体験することによって、どんな楽しさや心地よさにつながるのかを知ることになります。そのひとつとして、運動感によって感じる心地よさがあります。

われわれは運動をしているとき、また運動のあとに、なんらかの運動感をもちます。これを運動するときの心（動きの感情）と言い換えてもよいのですが、運動がうまくいったときや動きかたにタイミングが合ったとき、リズムに乗ったときなどには快い感じがします。また逆に、失敗したり余分な力が入ってタイミングが合わなかったとき、嫌な感じになったりするものです。動きの快感情は、成功体験や仲間との一体感などによってさらに増幅し、体の内心からこみあげてくる体を動かしたいという運動衝動や達成欲求の源泉になるものです。この動きの感情を大切にする学習こそが、「体ほぐしの運動」であり、自分の体に気づき、調子を整えたり、仲間と交流したりすることにつながっていくのです。

体を動かすことを嫌がる子どもは、この動きの感情が発達していなかったり、過去の運動経験のなかで不快な感じをもっていたりすることが多いものです。したがって、まずは、体を動かす楽しさや快い感情が体験できるような運動からはじめるようにします。それによって、成功体験や仲間との一体感を味わい、少しずつ自分の動きの感情を表現できるようになれば、「体ほぐしの運動」が自分や仲間にとって自然にコミュニケーションをとることのできる運動であることがわかってきます。

このように、自分の動きの感情に気づきながら、さらに仲間と一緒に行う運動や運動遊びをできるだけ多く経験することで、仲間の動きの感情に対しても理解できるようになり、仲間に共感することができるようになります。この共感は、仲間と一緒に運動するときの一体感を感じたり、仲間の個性を認めたりするなど仲間意識を強化する基盤のひとつになるのです。

5　体ほぐしの運動と全身感覚

体ほぐしの運動のねらいは、技能面や体力面の向上を直接の目標にしていません。しかし、体育ではスポーツや体力つくりのために多くの時間が当てられることを考えれば、体ほぐしの運動のなかに、技能や体力の学習に向けての準備性（レディネス）を高める内容をふくませることも重要になってきます。

体ほぐしの運動は、子どもの実態に応じて体の状態に気づき、体の調子を整え、仲間と交流することのねらいが達成できるような内容であるとともに、スポーツに求められる基本的な運動感覚能力を育成する内容であることが望まれます。そうなると、教師側が提示する運動例は、手軽な運動であればどんな運動でもよいとか、たんに楽しければよいとかといった問題だけではなく、人間が運動するために働く感覚器官をより豊かにすることも大切になってきます。

このような運動感覚を育てるには、自分の体や仲間の体、そして物や自然に積極的にかかわりながら運動することがとくに重要になってきます。そのような要素を多くふくんだ身体活動として、運動遊びがあげられます。運動遊びには、ルールは存在しますが、スポーツのように厳密なルールではなく、まだ未分化な状態のものです。個人の条件や環境条件によって、どのようにでも変えることができるものです。それだけに、運動遊びは人間の基本的な運動感覚にかかわって、とくに触感覚を中心にした体性感覚を豊かにする内容をもち、自己や周界との関係を再構築することのできる可能性をもっています。

中村雄二郎は、共通感覚論のなかで「昔から五感を統合するものとされていた触覚に代表させられた体性感覚」に目を向けることの重要性を述べています。体性感覚には「触覚をはじめとして皮膚感覚とともに筋肉感覚をはじめとして運動感覚が含まれる」として、「体性感覚を基体として諸感覚（視覚、聴覚、嗅覚、味覚、平衡感覚）の統合によって、私たちの1人ひとりは他の人間や自然と共感し、一体化することができる」と述べています。

このことから、「体ほぐしの運動」は、運動遊びをはじめとして手軽な運動や律動的な運動によって、自分や仲間の体、物や自然に積極的に接触することのできる課題をもつ運動で構成することが重要になるのです。それによって、人間の諸感覚を統合する体性感覚の働きを高め、「自分の身体との対話をする」

ことや「仲間に共感でき、一体感を味わう」こと、さらに「物や自然を身体で知る」ことなどができるようになります。このような「身体との対話」や「共感する力」は、スポーツ全般に必要な力であるとともに、豊かな人間性の基盤になるものです。

6 各運動領域での体ほぐしの運動

学習指導要領では、体ほぐしの運動の取り扱いについて、すべての学年で取り扱うこととし、さらに、器械運動からダンス領域までの各運動領域においても、関連をはかって指導することができるとしています。

今日までの体育授業は、準備運動、主運動、整理運動の流れで進められることがほとんどでした。とくに主運動の前の準備運動は、どうしても形式的な運動で、号令に合わせて反復するだけの運動になりがちで、主運動と関連づけて準備運動を仕組むことはあまり行われませんでした。

体ほぐしの運動の考えかたを取り入れるということは、各運動領域の技能面や心理面に不安をもつ子どもに対して、心と体が一体となる観点から主運動への導入をとらえなおすことになります。このことは、運動学習の前提になる「なじみの地平」を大切に指導するということです。そのためにも、子どもの実態から心の準備もふくめ、みんなで楽しめる運動を中心に準備運動を導入段階として位置づけ、子どもが意欲的に主運動に取り組めるようにする工夫が求められてきます。

体ほぐしの考えを生かす準備・導入段階では、これまでのように集団のなかで1人ひとりが個別に準備運動を行うのではなく、できるだけペアやグループとのかかわりをもちながら、お互いの体を支えたり、支え合ったりして多様な身体接触のしかたが体験できるようにします。それによって、自分や仲間の体の状態に気づき、仲間との信頼関係や一緒に学習する態度が形成されていくのです。

各運動領域での体ほぐしの運動でもうひとつ重要なことは、動きのアナロゴンの観点を取り入れるということです。スポーツ・体育の運動指導において、これから新しく覚えようとする運動や、むずかしい運動に対して、類似した動きや感覚をもった運動例を経験させながら、動きの「コツ」をつかませようとします。しかし、動きの感じを言葉で伝えることはなかなかむずかしいものです。そこで、類似した運動を行わせて「その感じで」とか、以前に経験したことのある運動を思い出させて動きの感じをわからせようとするのです。このように、動きの「コツ」をつかませるためには、どうしても動きのアナロゴンが必要になってきます。

この動きのアナロゴンを体ほぐしの運動として取り入れることは、楽しみながら主運動の技能面のレディネスを高めることになり、「コツ」をつかませる指導もスムーズに行えるようになっていきます。

3 学校体育と体力つくり

1　子どもの体力問題

ここ数年、中高年の体力は向上しているのに、子どもの体力低下はいまだに歯止めがかからず、かなり深刻な状態になってきているとの認識が深まりつつあります。とくに小学校期は、子どもの発育発達にとってもっとも大切な時期であるだけに、子ども自身への影響はもちろんのこと、これからの日本の将来の社会全体への影響を考えると放置できない問題になってきています。

ある意味では、今日、さかんに議論されている学力低下問題にも匹敵する問題であり、人間が「身体的存在」ということを考えれば、子どもの体の健全な発育発達を保障することは、われわれ大人に課せられた責任でもあるのです。そのためにも、子どもの体力と運動の関係について正しい認識をもっておくことは、これからの学校体育で体力向上をはかるにあたって必要なことになってきます。

また、今日の子どもの体力の現状を考えれば、学校・家庭・地域社会が連携して育てることが大切になりますが、とくに学校が果たす役割には大きいものがあります。学習指導要領においても、総則第3に「体育・健康に関する指導を学校の教育活動全体を通じて行う」ことが明記されています。また、体育科の目標にも「健康の増進と体力の向上をはかる」ことをねらいに掲げていることからも、学校での体育的活動に大きな期待が寄せられているのです。

2 体育学習と体力つくり

今日の学校体育は、生涯スポーツの観点を重視することから、運動の楽しさを味わう学習に重点をおいて授業が展開されるようになっています。とくに、小学校では子どもの発達特性を考慮して、直接的な体力つくりを行うよりも、運動の機能的特性（各運動種目がもつ特有の楽しさ）から導き出された運動の楽しさを味わうことに学習の主眼をおき、体力との関連は、運動に親しんだ結果として体力の向上がはかれるようにしているのです。

しかし、今日の体育は、運動の楽しさをあまりも強調しすぎたため、「できなくても楽しければ」といった体育であったり、課題解決力の育成という名のもとに直接指導をしてはいけないという風潮を生み出し、技能習得や体力つくりの学習を軽視する傾向が見られます。また、授業評価もそれらを前面に出して指導する授業はあまり評価されないこともあります。

学校体育における体力に関して、学習指導要領では、高学年の運動領域のひとつに、「体ほぐしの運動」と「体力を高める運動」を内容にして「体つくり運動」領域が示されています。しかし、他の運動領域と同じように、単元計画にもとづいて授業が展開されることはあまり多くありません。多くの学校では、スポーツ領域の準備運動として年間を通して帯状に実施したり、運動会や学校行事として置き換えて実施しているのが現状です。体力つくりの運動を年間を通じて継続することは、体力を高めるためには欠くことのできない条件になりますが、自分の体や体力について知ったり、自分に合った体力の高めかたやその方法を学習するなど「体つくり運動」領域の内容が学習としてあまり取り扱われないことにも問題があります。

3　子どもに求められる体力とは何か

体力の定義については、国内外でいろいろとなされていますが、運動生理学者である猪飼道夫によると、「体力とは、積極的に仕事をしていく身体の行動力と外的なストレスに耐えて生を維持していく身体の防衛力をいう」としています。そして、行動体力に形態として身体の構造と機能として身体的能力に区分し、身体的能力を狭義の体力と位置づけています。この狭義の体力が、一般に運動やスポーツに求められる体力として、筋力、全身持久力、敏捷性、平衡性、協応性、柔軟性、巧緻性の要素に分類されます（図8）。学校体育では、「体の柔らかさおよび巧みな動きを高める運動」と「力強い動きおよび動きを持続する能力を高める運動」で構成した「体力を高める運動」を小学校の高学年から「体つくり運動」領域で学習ができるようにしています。

「体力を高める運動」が高学年に提示されている理由としては、子どもの発達特性によることが大きく関係しています。学習指導要領解説書によると「自己の健康や体力に関心をもちにくい小学校低学年及び中学年での指導はむずかしいことから、高学年で扱う内容としている」としています。さらに加えて、子どもの発達段階に応じ、主として「体の柔らかさおよび巧みな動きを高めること」に重点をおいて指導することと、子どもの興味・関心を欠いた単調な動きの反復に終わることにならないようにして、1人ひとりの子どもがねらいをもって行うことができるようにと留意することを促しています。

このことは、過去の体力つくり中心の体育の反省を踏まえ、子どもの発達特性や運動習得と体力の関係を考慮したものであり、とくに、内容の重点化では主として「体の柔らかさおよび巧みな動きを高めること」とし、小学校段階での体力つくりの特徴を示しているのです。

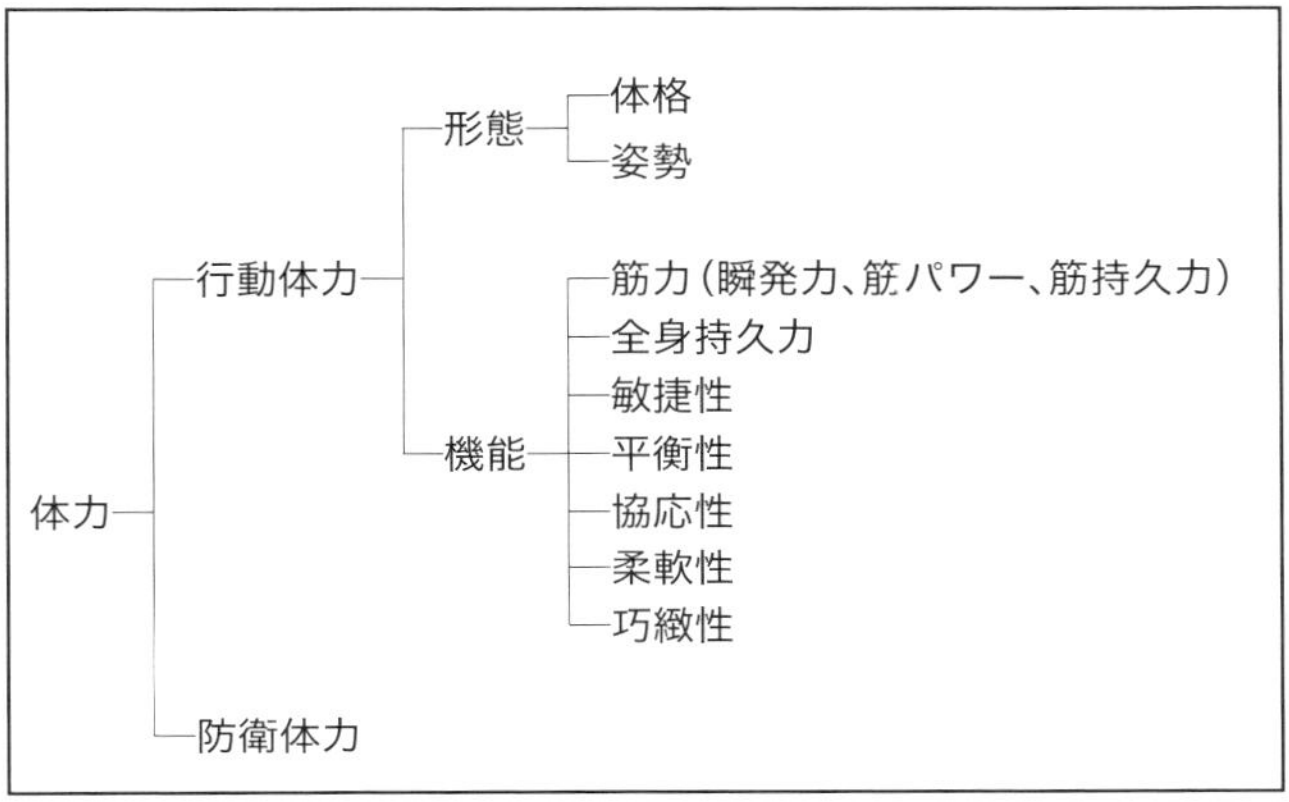

図8　体力の定義（猪飼による）

小学校低・中学年の子どもは、運動発達がまだ未熟な状態であったり、個人差が大きく基本的な動きを身につけていなかったり、運動をまだ分化発展させていない時期でもあります。それだけに、直接的に体力を高めるための媒介運動（体力つくりのための手段として使われる運動）だけでは、いろいろな動きかたを身につけたり、生き生きとした力動的な運動メロディーをともなう動きを生み出すことはできません。この時期の子どもにとっての体力は、日常動作に必要な動きをよりよく動けるように改善したり、また、スポーツ種目を楽しむための基本的な動きの習得をめざし、それらを身につけることで体力が高まっていくように指導しなければなりません。

４　子どもの体力低下の原因

　前にも述べましたように、最近の子どもの傾向として、活発に運動する子どもとそうでない子どもに二極化しているといわれています。その要因として、生活様式の激変や情報機器の発達などによって運動の機会が減少していること、また、日常動作のハビトゥス（社会的に伝承されてきた習慣的な動きかた）が崩壊されてきていることなども大きく影響しています。

　たとえば、箸の持ちかた、座りかた、物の運びかたなど日常での生活行動にもぎこちなさが見られたり、さらに、鬼ごっこでの逃げかた、ボール投げ、押したり引いたり、跳び上がり跳び下り、転がる、ぶら下がるなど運動遊びで身につける動きができない子どもが増えていることなども指摘されています。また、外遊びなどをあまり経験していない子どもは、自分の体を動かす能力（動ける身体）が十分に発達しない状態で小学校に入学することになります。運動が苦手であったり、運動への意欲を示さない子どもは、そのことが原因になっていることが多いのです。

　このような二極化が、子どもの体力にも影響を与えていることは明らかです。活発に運動する子どもの体力にはそれほどの低下が見られないのですが、運動が苦手で体を動かすことを好まない子どもの体力は著しい低下が見られます。

　体力のない子どもに対しては、媒介的な体力プログラムのみを与えて体力つくりを行うこともできます。しかし、その前に自分の目標とする運動に対して体を動かすことのできる能力を高め、いろいろな情況のなかでも動くことのできる能力を育てることが必要になってきます。それだけに、この時期は「基本の運動」領域をはじめとして、基本的な動きを確実に身につけることのできる指導が大切になるのです。子どもは、それをもとに身につけた動きを発展させて、各種の運動遊びや運動種目に生かすことができるようになっていきます。

しかし、低・中学年の子どもに体力が必要でないのかというと、鉄棒にぶら下がれない子どもに鉄棒遊びを指導することはむずかしくなります。鬼ごっこをしてもすぐに疲れてしまう子どもに、運動の楽しさを味わわせることはできません。「動ける身体」を育てるためにも、基礎的な体力はどうしても必要になってきます。

5 「体つくり運動」の学習の重要性

「動ける身体」をもつことと体力とは、表裏一体の関係にあると考えてよいでしょう。ただ、動きと絶縁的な体力をいくら高めても、動きを身につけるのに有効に働くことはなく、子どもにとってはあまり意味のない体力になってしまいます。運動が苦手な子どもは、自分の体を思うように動かすことができなくて、どうしてよいのかわからない状態のままで学年が進むことになります。その結果として、体力も向上していかないのです。

小学校での体力つくりは、自分の体や健康に関心をもち、スポーツを楽しむための「動ける身体」つくりをめざし、それに必要な体力を高めるための運動やその方法と取り組みかたを学ぶことになります。

現行の指導要領では、自ら学び自ら考える力の育成という立場から、すべての運動領域に「学びかた」が内容として設けられています。「体つくり運動」では、「自己の体力や体の状態に応じて、体ほぐしの行いかたや体力の高めかたを工夫することができる」ことを学びかたの内容として示していることからも、この「学びかた」は、「体つくり運動」の単元構成を考えるときの重要な柱となります。従来のように、体力を高める運動をただ提示してトレーニング形式での授業を行うだけでは、体力についての学習として発展していかないことは明らかです。

自分にとって体力がなぜ必要なのかを学習させるために「運動をするための体力」と「健康に生活するための体力」、さらに、体力の向上が気力、意欲、精神的ストレスに対する強さや仲間への思いやりの心など精神的な面にも影響していることと関連づけをすることによって、保健の授業や総合的な学習のなかでも取り扱うことができるようになります。

体つくりの学習では、自分の運動や生活のなかでどんな体力が必要なのかを知り、そして、実際に体力つくりの運動を行うことでどんな運動がどんな体力に効果があるのかを体で感じ取り、自分の目的に合った体力づくりのプログラムを作成し、実践できるようにしていくことが大切になります。

体力の向上は、体つくり運動の単元のなかだけではなかなか向上が見られるものではありません。そこで、体つくり運動で作成した自分の体力つくりプログラムを体育授業や生活のなかで継続的に実践することで「動ける身体」を獲得していくことが実感できるようにします。

子どもにとって体力の必要性は、大人と同じような意味や価値で決められません。子どもは具体的な運動を目標に「できる」ことをめざして身体活動をするのです。そこに「動ける身体」をもつことの内的衝動が湧きおこって、体を動かすことが楽しくなっていくのです。

これからは、子どものスポーツが学校体育から総合型地域スポーツへと移っていくことは間違いないでしょう。今日の学校体育に問われていることは、子どもの「動ける身体」を育てるなかに、ほんとうの「生きる力」としての体力をいかに育てることができるのか、体育がそれにどう応えることができるかに教科としての存続がかかっているといってもよいのです。それに応えるためにも、発生運動学の新しい運動理論による「身体性の学習」がどうしても必要になってきます。

【引用・参考文献】

・猪飼道夫、『体育の科学的基礎』、東洋館出版社
・カイヨワ（多田道太朗他訳）、『遊びと人間』、講談社
・金子明友監修、吉田茂・三木四郎編、『教師のための運動学』、大修館書店
・金子明友・朝岡正雄編、『運動学講義』、大修館書店
・金子明友、『わざの伝承』、明和出版
・金子明友、「スポーツモルフォロギー研究」1、2、3号、日本スポーツモルフォロギー学会
・金子明友、「体育学習のスポーツ運動学的視座」『体育・保健科教育論』島崎仁編、東信堂
・ゲーテ（高橋、前田訳）、『自然と象徴』、富山房百科文庫
・佐伯總夫、「楽しい体育の授業過程のあり方」、体育科教育、第30巻7号
・佐伯胖、『「学ぶ」ということの意味』、岩波書店
・榊原洋一、『ヒトの発達とは何か』、ちくま新書
・杉山重利・高橋健夫・細江文利・池田延行編集、『小学校体育の授業』、大修館書店
・島崎仁・松岡弘編、『体育・保健科教育論』、東信堂
・芹沢俊介、『子どもたちの生と死』、筑摩書店
・チクセントミハイ（今村浩明訳）、『楽しみの社会学』、思索社
・中村雄二郎、『哲学の現在』、岩波新書
・ホイジンガ（高橋英夫訳）、『ホモ・ルーデンス』、中央公論社
・細江文利、「めあて学習」の目指すもの、体育科教育・第44巻7号
・マイネル（金子明友訳）、『スポーツ運動学』、大修館書店
・三木四郎・赤松喜久他、「体ほぐしの運動」の形成的評価に基づく成果について、体育科学・第30巻
・村田芳子、「体ほぐし」が拓く世界、子どもの心と体が変わるとき、光文書院
・メルロ・ポンティ、（竹内、木田訳）、『知覚の現象学』、みすず書房
・文部省、生涯にわたる心身の健康の保持増進のための今後の健康に関する教育及びスポーツ振興の在り方、保健体育審議会
・文部科学省、子どもの体力向上にための総合的な方策について、中央教育審議会

・山口一郎、『現象学ことはじめ』、日本評論社

・ローレンツ（谷口茂訳）、『鏡の背面』、新思索社

・ワイッゼッカー（木村、浜中訳）、『ゲシュタルトクライス』、みすず書房

・Grupe,O.:Anthropologische Grundlagen der Leibeserziehung und des Sport:Leib/Korper,Bewegung und Spiel,In:Einfufrung in die Theorie der Leibeserziehung und Sports,S91f.,Herausgeben von Grupe,O.1980,Hofmann Verlag

・McIntosh,P.C : Sport in society, 1963, C.A.Watts & Co.LTD

・Rijsdorp,K.:Gymnolgie,S.102f,1959,Deutsch Hochschule

【著者紹介】
三木四郎（みき　しろう）
１９４６年兵庫県生れ
東京教育大学体育学部卒業
専門は体操競技、スポーツ運動学
大阪教育大学名誉教授
神戸親和女子大学前学長

【主な著書】
『器械運動の授業づくり』（共著）、大修館書店
『教師のための運動学』（共編著）、大修館書店
『新しい体育授業の運動学』、明和出版
『器械運動の動感指導と運動学』、明和出版
『ボール運動の運動感覚指導』、明和出版

新しい体育授業の運動学

初版発行――二〇〇五年三月一日
九版発行――二〇二一年六月一〇日
著　者――三木四郎《みきしろう》
発行者――和田義智
発行所――株式会社　明和出版
〒174-0064 東京都板橋区中台三－二七－F－七〇九
電話・FAX 03-5921-0557
振替 00120-3-25221
E-Mail: meiwa@zak.att.ne.jp
装丁者――下田浩一
印刷・製本――壮光舎印刷株式会社
ISBN978-4-901933-07-0　Printed in Japan